丛书编委会

人际沟通与说话艺术

李兵琴　王瑛　编著

黄河出版传媒集团
阳光出版社

图书在版编目(CIP)数据

人际沟通与说话艺术 / 李兵琴，王瑛编著. — 银川：
阳光出版社，2014.7
（职工培训丛书）
ISBN 978-7-5525-1379-0

Ⅰ.①人… Ⅱ.①李…②王… Ⅲ.①心理交往 — 语
言艺术 — 职工培训 — 教材 Ⅳ.①C912.1

中国版本图书馆 CIP 数据核字（2014）第 162308 号

人际沟通与说话艺术	李兵琴　王　瑛　编著

责任编辑　赵维娟
封面设计　李巧娜
责任印制　岳建宁

黄河出版传媒集团
阳 光 出 版 社　　出版发行

地　　址	宁夏银川市北京东路 139 号出版大厦（750001）
网　　址	http://www.yrpubm.com
网上书店	http://www.hh-book.com
电子信箱	yangguang@yrpubm.com
邮购电话	0951-5045842
经　　销	全国新华书店
印刷装订	宁夏飞马彩色印务有限公司
印刷委托书号	（宁)0000125

开　　本	880mm×1230mm　1/32
印　　张	4.875
字　　数	120 千字
版　　次	2014 年 12 月第 1 版
印　　次	2014 年 12 月第 1 次印刷
书　　号	ISBN 978-7-5525-1379-0/G·1425
定　　价	20.00 元

前言

我们生活在一个以知识为主要特征的信息时代，在这个时代，对我们所有的人来说，重要的问题是如何获得和处理这些信息，使我们处理个人事务更有秩序和效率，使我们能够在这个充满合作的世界中发挥出更大的作用。我们可以通过与他人的有效沟通来获取信息以达到我们的目的，这将使我们获得一个更大的世界。

沟通的智慧——对不同的人说不同的话。

有句俗话说人上一百，形形色色。人各有其情，各有其性。言词表达的内容和方式要因人而异，符合接受对象的脾气性格，才有可能产生同声相应，同气相求的效果。我们在与别人交流时，也要注意因人而异，讲究"求神看佛，说话看人。好的沟通技巧及说服力，可让你处处遇贵人，时时有资源。因为沟通及说服能力可让你建立良好的人际关系，获得更多的机率与资源，减少犯错的机会和摸索的时间，得到更多人的支持、协助与认可。

那我们怎样沟通呢？途径很多，但事实上我们大多数人在交流中80％是运用语言，即以说话的形式进行沟通的，也就是说沟通的最好工具就是语言。那么说什么以及怎样说，是我们成功沟通的关键。因此，我们必须努力提高说话的水平，掌握高水准的语言技能。我们任何人都不可能是天生的语言大师，所以说话技巧只能是在学习中不断提高，在实践中不断增强。只要运用其中的方法和技巧，任何人都可以自如地驾驭语言，潇洒从容地与他人沟通。

CONTENTS

目录

CONTENTS

第一章 沟通，将使我们拥有一个更大的世界

■ 沟通的品质就是生命的品质。我们的沟通能力决定了我们的幸福指数和成功指数。

沟通品质就是生命品质

任何一个人在达成他人生各项愿望的过程中，都会遇到需要与他人合作的机会，而别人对你的协助意愿和配合程度，往往决定了你是否能顺利以及是否能快速达成目标。

好的沟通技巧及说服力，可让你处处遇贵人，时时有资源，别人做不到的事，你做得到，一般人要花5年才能达成的目标，你可能只需要两年。因为沟通及说服能力可让你建立良好的人际关系，获得更多的机会与资源，减少犯错的机会和摸索的时间，得到更多人的支持、协助与认可。就像比尔·盖茨，当我们艳羡慕他巨大的财富时，也不能忽视他身后的万人团队。

因此，我们说：沟通的品质就是生命的品质。我们的沟通能力决定了我们的幸福指数和成功指数。

美国沃尔玛公司总裁萨姆·沃尔顿曾说过："如果必须将沃尔玛的管理体制浓缩成一种思想，那可能就是沟通。因为它是我们成功的真正关键之一。"

沟通就是为了达成共识，而实现沟通的前提就是让所有员工一起面对现实。沃尔玛决心要做的，就是通过信息共享、责任分担实现良好的沟通交流。

良好的沟通与人际关系的建立，并不是要让你去逢迎拍马、趋炎附势，做个没有原则的人。事实上，不论是沟通谈判或说服，你唯一要达成的就是双方的一致性。所谓的一致性，是指双方不论在生理和心理状态上，都能进入一个共同的频道或频率，以达成双方观点一致、思考方式一致、行为模式一致的目标。如庄子与惠施的对话：

庄子说："你看水里的鱼儿多快乐呀！"

惠施说："你又不是鱼，怎么知道鱼的快乐呢？"

庄子说："你又不是我，怎么知道我不知道鱼的快乐呢？"

这段话中，庄子希望与惠施在赏鱼时达成一致。庄子与惠施的矛盾就是沟通的矛盾，造成矛盾的主要原因就是每个人看到的世界是不同的。

那我们怎样沟通呢？途径很多，但实际上，我们大多数人都喜欢并习惯于以书面形式、面对面的形式或打电话的形式进行沟通。而在沟通中，80%是以语言，即说话的形式进行的，那么说什么以及怎样说，是我们成功沟通的关键。也就是说，沟通的最好方式就是运用语言。

说话的能力被我们称为"口才"。在如今的社会中，口才作为一项基本技能，已经被人们所共识，它不仅起到传递信息的作用，还能够体现一个人的修养、知识、魅力等，所以说，我们应当掌握能说会道的方法和技巧。生活中我们经常看到，有时候一句话可以化干戈为玉帛，可以让朋友变成仇人，可以让事情功败垂成，也可以改变人生。可见，说话与我们的生活密切相关。

懂得说话技巧的人，到处都会受人欢迎。他们能够使许多素不相识的人携起手来，成为朋友；他们能够为人们排忧解难，消除疑虑和误会；他们能够安抚人们烦闷的心灵，从而勇敢地面对现实；他们能够鼓励悲观厌世的人，使其微笑着迎接新生活。

能说会道，还是一种立足社会的能力。它能够使你的难成之事心想事成，从而让你在社会处处顺利；它能够使你在紧要关头化险为夷，从而让你在人际交往中事事如意，在商战中左右逢源；它能够使你迅速说服他人，从而赢得与他人宝贵的合作机遇；它能够使你受到上司的重视，得到同辈的尊重和赢得下级的拥戴，从而让你的事业锦上添花、一帆风顺。

人要想提高生命的质量，就需要提高说话水平。时至今日，说话已成为人际交往中最重要的方式，语言更是人际沟通中最不可缺少的工具。

提高说话水平，掌握语言艺术，已成为如今成功人士的必备能力。

很多成功者曾经这样总结：全凭自己的能说会道；而很多失败者则归纳：都怨自己的这张嘴。可见，说话水平的高低，直接影响着人生的得失与成败。如果你没有语言障碍，如果你并不缺少才智，如果你想成就人生的梦想，就不能不具备能说会道的本领。而不善言辞或尽说废话、空话、套话的人，他们的人生必然不会有多大的成就。

因此，我们必须努力提高说话的水平，掌握高水平的语言技能。我们任何人都不可能是天生的语言大师，所以说话技巧只能是在学习中不断提高，在实践中不断增强，只要运用其中的方法和技巧，任何人都可以自如地驾驭语言，潇洒从容地与他人沟通。

沟通："沟"，指沟通我们的想法、看法和做法，达成共识；"通"，就是把我们的感情疏通得更好。

一言足伤天地之和，一事足折终身之福。

与人来往，讲话是一大艺术，会讲话的人能化解误会，促进友谊，解决困难；不会讲话，只会把气氛弄得更糟。不过只要是柔软、和悦、谦恭的语气，几乎是每一个人都可以接受的。

一句好话三冬暖，恶语伤人六月寒。

沟通的障碍——不会说话

很多时候我们沟通不畅，在于我们不会说话，说出的话不能完全表达我们的意愿或者与我们的目的相反，这是达不到合作的目的的一个重要原因。

案例一：该来的没来。

（该来的没来，那我们是不该来的了。）

不该走的走了。

（剩下的客人：走了的是不该走的，那我们这些没走的倒是该走的了。）

我不是叫他们走哇！

（剩下最后一位：那就是叫我走了！）

在这段对话中，说话的一方因为只在乎了自己对事物的感受而忽略了对方的感受，导致话说不到位，无法实现沟通上的一致，结果是必然出现矛盾。

案例二：妈妈领着女儿到老邻居开的公司面试。面试结束后，公司老板说："我们是邻居，我是看着小林长大的，况且又是名牌大学的高材生，我们真是求之不得呀。"这时，女儿说了一句话，令在场的人很尴尬。

她说："我妈妈说，先到你这样的小公司锻炼锻炼，等以后到大公司去工作，才会比较有经验。"

案例三：一男生和他的一对情侣同学逛街，正巧碰到服装店打折，这对情侣就冲上去狂选衣服。带女朋友的男生对另一男生说："你也选几件衣服给你的女朋友吧。"这个男生推脱说不用了，并且说了一句话，令现场的气氛很尴尬。

他说："我女朋友一向都穿名牌货，像这样的打折商品，从来都不穿。"

以上案例旨在说明说话的力量，强调说话有时候能决定事情的成败，说话的好坏关系到一个人办事的成败。在你处于不利局面的时候更是成也说话，败也说话。

春秋战国时，出现了很多能说会道的名人。苏秦、张仪之流就是著名的游说家。苏秦动用三寸不烂之舌游说了燕、赵、韩、魏、齐、楚六国，使六国订立了合纵的盟约，于是就有了"六国合一"之说。后来张仪帮助秦国游说六国，拆散了六国合纵的关系，帮助秦国吞并了六国。《三国演义》中的诸葛亮舌战群儒，威名天下，真乃"三寸不烂之舌，强于百万之师"也。当时他们所面临的情况都十分艰难——对手个个不好对付，硬是靠会说话的本事得到了一个在一般人眼中不可能得到的结果。

希腊、古罗马时代，演说雄辩之风就非常盛行。美国人将"舌头"、原子弹和金钱并称为生存和竞争的三大战略武器，可见说话非同小可。

既然说话于治国安邦都尚且如此重要，那么对人际交往的重要性就更不容小觑了。说话对人的重要性主要体现在以下几个方面。

第一，语言作为信息的第一载体其力量是无穷的。在社交场合，语言是最简便、快捷、廉价的传递信息的手段。一个说话得体、有礼貌的人总是受欢迎的。相反，一个说话张狂无礼者总是受人鄙视的。

第二，随着现代信息社会的发展，对说话水平的要求也越来越高。快速发展的社会尤其讲究速度和效率，于是要求人们彼此的说话应充分节约时间，简明扼要，能一分钟讲完的话，就不应在两分钟内完成。同时，高效率的要求也迫使说话者应说普通话，并且要说得有条理，这也是社交活动所必需的。

第三，信息社会要求，说话者还应学会"人机对话"，以适应高科技带来的各行各业的高自动化的要求。在日本和美国，已有口语自动识别机，用来预订火车票等。文字的机器翻译若干年后可能将发展成为口语的机器翻译，语言打字机的使用，将使人类的双手获得第二次解放。这些人工智能的发展，迫切要求人们不仅能说标准的通用语，更要求人们应讲究如何说话，即说明白的话不说似通非通的话，说准确的话不说含糊不清的话。

不重视说话的"井底之蛙"已难以适应时代的需要。这迫使人们突出重围，走出家园，去广交朋友，去认真说话，通过说话去创造效益、架设桥梁、增进友谊、创造理想的明天。

说话的效果决定人际沟通

明代开国皇帝朱元璋，出身贫寒，少年时曾给有钱人放牛，甚至一度还为了果腹而出家为僧，但朱元璋胸有大志，终成明朝的开国皇帝。

朱元璋当了皇帝后，有一天，他儿时的一个伙伴来京求见。朱元璋很想见见旧日的老朋友，可又怕他讲出什么不中听的话来，犹豫再三，觉得总不能让人说自己富贵了不念旧情，于是命人传了进来。

那人知道朱元璋从小就是一个爱面子的人，于是一进大殿便大礼下拜，高呼万岁，说："我主万岁！当年微臣随驾扫荡芦州府，打破罐州城，汤元帅在逃，拿住豆将军，红孩子当兵，多亏菜将军。"

朱元璋听他说得动听含蓄，心里很高兴，回想起当年大家饥寒交迫时有福同享、有难同当的情形，心情很激动，立即重重封赏了这位老朋友。

此后，因为这个人深知朱元璋的脾气，说话总是能够说到他的心里去，所以很得朱元璋的赏识。后来消息传出，另一个当年一块儿放牛的伙伴也来京面圣，见到朱元璋，他高兴极了，生怕皇帝忘了自己，指手画脚地在金殿上说道："我主万岁！您还记得吗？那时候我们都给人家放牛，有一次我们在芦苇荡里，把偷来的豆子放在瓦罐里煮着吃，还没等煮熟，大家就抢着吃，把罐子都打破了，撒下一地的豆子，汤都泼在了泥地里。你只顾从地上抓豆子吃，结果把红草根卡在喉咙里，还是我出的主意，叫你吞下一把青菜，这才把那红草根带进肚子里。"

朱元璋当上皇帝后，最大的心病就是怕人提起自己卑微的过去，见这位儿时的玩伴竟然当着文武百官的面这么说，不禁龙颜大怒，喝令左右："哪里来的疯子？来人，快把他拖出去斩了！"

会说话的人可以凭借三寸不烂之舌升官发财，不会说话的人却因为言语不当遭到灭顶之灾。在会说话与不会说话之间，其实并非横着一条不可跨越的鸿沟，你只需找到可以打开对方心灵的那把锁，就会看到另一番天地。

在这个故事中，第一个伙伴知道朱元璋的心思——好面子，所以他不仅能在第一次见面时就得到重赏，还能够在以后的日子里屡获赏赐。而第二个伙伴，虽然所说的意思和第一个伙伴一样，但由于措辞不当，让朱元璋觉得很丢面子，于是刚见面就惹来杀身之祸。

不看谈话对象，不知对方心思，只顾滔滔不绝地胡侃的人，是最愚蠢的。聪明的人，总会在沟通前了解对方的心病所在，知道别人最在意的事情是什么，从而清楚自己该说什么、不该说什么，以获得最佳的沟通效果。

父与子的对话（一）

子："上学真是无聊透了！"

父："怎么回事？"

子："学的都是些不实用的东西。"

父："现在的确看不出好处来，我当年也有同样的想法，可是现在觉得那些知识还是蛮有用的，你就忍耐一下吧。"

子："我已经耗了10年了，难道那些X加Y能让我学会修车吗？"

父："修车？别开玩笑了。"

子："我不是开玩笑，我的同学王明辍学学修车，现在月收入不少，这才有用啊！"

父："现在或许如此，以后他后悔就来不及了。你不会喜欢修车的。好好念书，将来不怕找不到更好的工作。"

子："我不知道，可是王明现在很成功。"

父："你已尽了全力了吗？这所高中是名校，应该差不到哪儿去。"

子："可是同学们都有同感。"

父："你知道不知道，把你养到这么大，妈妈和我牺牲了多少？已经读到高二了，不许你半途而废。"

子："我知道你们牺牲很大，可是不值得。"

父："你应该多读书，少看电视！"

子："爸，唉！算了，多说也没用。"

……

父与子的对话（二）

子："上学真是无聊透顶了！"

父："你对上学有很深的挫折感？"

子："没错，学校教的东西根本不实用。"

父："你觉得读书对你没有什么用？"

子："对，学校教的不一定对我有用。你看王明，他现在修车技术一流，这才实用。"

父：你觉得他的选择正确？"

子："从某个角度看确实如此。现在他收入不错，可是几年后，或许会后悔。"

父："你也认为将来他会觉得当年做错了决定。"

子："一定会的，现在的社会里，教育程度不高是会吃亏的。"

父："你认为教育很重要？"

子："如果高中都没毕业，上不了大学，也找不到工作。有件事我真的很担心，你不会告诉妈妈吧？"

父："你不想让你妈妈知道吧？"

子："跟她说也无妨，反正她迟早会知道的。今天学校举行阅读能力测验，结果我只有小学程度，可是我已经高二了！"

父："我有个构想，也许你可以上补习班加强阅读能力。"

子："我已经打听过了，可是每个星期要耗掉几个晚上！"

父："补习的代价太高了？"

子："嗯，而且我答应同学，晚上另有节目。"

父："你不想食言？"

子："嗯，不过补习如果真的有效，我可以想办法跟同学改期。"

父："你其实很想多下点功夫，又担心补习没用？"

子："你觉得会有效吗？"

……

这是两个对话内容相同，但对话效果不同的片段，是我们生活中常遇的场面。说话技巧的不同，使事情的发展有了不同的走向，所以说话可谓是人人所需也是人人必需，谁把说话当小事，谁就必将在交际中处处碰壁。

有的人说起话来娓娓动听，让人浑身舒服，忍不住会同意你的说法；有的人说起话来像是一柄利刃，令人感觉上下不自在；有的人说起话来一开口就使人感到讨厌。所以，说话方式不同获得的效果也不同。

我们天天在说话，并不见得我们是会说话的。我们说了一辈子的话，我们说话是不是每一句都能使人家心服？我们与人辩论是不是自己能够完全获得胜利？"三寸不烂之舌"这种赞词，完全是对于会说话的人的称赞。然而，一般人说话是很难句句如此的。照这样看来，说话的确不是一件轻易的事情了。

虽然我们并不想去做辩士和说客，不需要犀利的舌锋，但是我们必须明白，人的一生不外乎言语和动作，我们不能终身不说话。一切的人情世故，一大半是在说话当中。我们的话说得好，小则可以让人欢乐，大则可以办成大事；我们的话说得不好，小则可以招怨，大则可以丧身。我们虽然手里并不执掌国柄，不必担心因为说话的轻重或对错，去负着"兴邦"或是"丧邦"的责任。可是，我们总不能不顾到"快乐"或是"招怨"这两个与自身利益攸关的大问题吧。很多人都以为说话容易，不像做文章那样难。因为不管大人或是小孩，不管文明人或是粗野人，几乎时时刻刻都在说话。

每个人都有自己的思维方式和说话习惯，时间久了，其中必然掺和不少可能导致不佳结果的说话方式和内容。语言习惯形成以后很难改变，可一旦做出改变，换一种不同于以往的说话方式，可能新的结果会给你一个惊喜。

一个周末，许多青年男女伫立街头。他们中间有不少人是等待与情侣相会的，有两个擦鞋童，正高声叫喊着以招徕顾客。其中一个说："请坐，我为您擦擦皮鞋吧，又光又亮。"另一个却说："约会前，请先擦一下皮鞋吧！"结果，前一个擦鞋童摊前的顾客寥寥无几，而后一个擦鞋童的喊声却收到了意想不到的效果，一个个青年男女都纷纷让他擦鞋。这究竟是什么原因呢？第一个擦鞋童的话，尽管礼貌、热情，并且附带着质量上的保证，但这与此刻青年男女们的心理差距甚远。因为，在黄昏时刻破费钱财去"买"个"又光又亮"，显然没有多少必要。人们从这儿听出的印象是"为擦鞋而擦鞋"的意思。而第二个擦鞋童的话就与此刻男女青年们的心理非常吻合。"月上柳梢头，人约黄昏后"，在这充满温情的时刻，谁不愿意以干干净净、大大方方的形象出现在自己心爱的人面前？一句"约会前，请先擦一下皮鞋。"真是说到了青年男女的心坎上。可见，这位聪明的擦鞋童，正是传送着"为约会而擦鞋"的温情爱意。

听话的效果帮助人际沟通

沟通首先是倾听的艺术。耳朵是通向心灵的道路，会倾听的人到处都受欢迎。

虽然从对方的行为态度中可以辨别出他的心意，但是看透对方的方法，最主要的还是要让对方多说话，凡是善解人意的能手，都是借着相互间的交谈来透视对方。

有这样一位经理，他的做法就和我们所说的原则背道而驰。他心存好意，请员工刘某到小吃店去喝酒，想要劝服刘某留下来，可是却没有收到效果。因为在吃饭时，喝酒的目的是要使对方的心情放松，然后再引出他心中的话，可是经理一开始就在说教。自己这么严肃，叫对方如何能轻松起来呢？而且在这种情况下，最忌讳的就是严肃的说教。

现代心理学，对于这个道理早已做了彻底的、有系统的分析。不过追本溯源，最先持有这个观点的人，当推2300年前的韩非子。

对此，韩非子认为：如果要听取对方的意见，应该以轻松的态度来交谈，我们可以从旁引导，让对方有多开口的机会，对方肯说出他的意见，我们就能根据他的意见，去分析透视他的心意。

无论是怎样的话题，都应该让对方尽量去发挥，无论内容是否真实，我们都可引来作为判断的资料，资料愈多，我们的判断就愈正确。但是，这样做并不是叫你一句话也不说，只默默地去听对方说话，因为过分的沉默，会使对方不好意思继续说下去。我们的目的，在于要让对方痛痛快快地把话说出来，了解对方的心意。因此，必要时我们应想法把对方引导到知无不言，言无不尽的境地。

韩非子还说：不要使对方因为你的话而不能接着说下去。因此，我们开口发言时应多加斟酌。

每一个人都喜欢叙述与自己有关的事，都想美化自己，也都想让对方相信自己的叙述；另一方面，每一个人又都想探知别人的秘密，并且都想及早告诉别人。这种现象，也许可以说是人的本性。"一吐为快"的心理，有时候会受到某种因素的限制，不敢大胆地说。遇到这种情况，我们应该想办法解除限制，这样对方就会自动说出心意了，这就是所谓的"善解人意"。

部属结结巴巴向上司汇报事情的时候，如果上司很不耐烦地说："好了！好了！不要结结巴巴的，有话快说。"那位上司，真是比封建时代的君主还要专制！

假如对方因为某种因素而不说话的时候，你应该想办法去帮助他，使他很自然地说清楚才对。

表示赞同对方的行为，也是"善解人意"的一种方法。像别人对我们表示赞同一样，有时我们也应该适当地向人表示赞同。但这种表示赞同的行动，不宜太快或太慢，因为过与不及都会使对方认为你是虚伪的。

真正巧妙地表示赞同的方法，就是要了解对方说话的内容和趋向，然后从多方面协助他（就像向导一样为他开路）使他的谈话内容能够流畅，最好在他做结论时，你就可以向他表示赞同。

"唔""对""有道理"……这类口头语不宜多用。有时故意质问或做轻微的反驳，也可激起对方的兴趣，使他滔滔不绝地说下去。

但是，真正会说话的人，在交谈中不仅仅要求对方能畅所欲言，同时他自己在暗中还要把持领导的地位。这也就是说，他一方面要表示赞同，一方面要适当地加以询问，然后把对方引导到预期的话题上来。他不会让对方发觉整个交谈过程都是由他操纵的。

有一位在新闻界很有名的记者，他的文章虽然不怎么样，但是他的采访能力非常强。不管遇到什么难题，只要他去采访，对方就不得不说出真话来。据这位记者表示："这并没有什么秘诀，只要能够充分了解对方的立场，把握好提问的方法，并配合自己的精力和耐力，再难的对手，我也不怕。"

有一次，他这样说："老实说，我只是站在伴奏者的立场来演出，只要伴奏得法，不善于唱歌的人也能唱得好。"

听话对象的不同体现在多个方面，包括民族、地域、性别、年龄、职业、文化、修养、阅历、性格等诸多方面。同样一句话，有的人能够听得懂，也有人听不懂。有的人可能只听明白了本意，也有人可能听出了弦外之音。同样一个意思，有人领会为褒，也有人可能领会为贬。所以，我们说，只有语言的接受对象——听话人才能检验说话者的表达效果。因此，对说话者来说，要想达到某种表达效果，就必须区分接受对象。

如果见到一个5岁以下的孩子，要和他讨论糖果。

如果见到一个10岁左右的孩子，要和他讨论游戏。

如果见到一个18岁左右的学生，要和他讨论高考。

如果见到一个18岁左右的社会青年，要和他讨论时下最流行什么。

如果见到一个20岁以上的男青年，要和他探讨恋爱的技巧。

如果见到一个20岁左右的漂亮女青年，要和她讨论哪部电影最经典，哪里的小吃最出名。

如果见到一个24岁以上的独身女青年，就要巧妙地避开"男人"这个敏感话题，谈谈她的事业、化妆品。

如果见到一个初为人妇的女子，要和她探讨厨艺、她丈夫的事业等。

如果见到一个初为人母的女子，要和她讨论育婴经验、奶粉调制等。

如果见到一个孩子18岁左右的母亲，就和她谈谈孩子的未来。

如果见到一个50岁左右的中年妇女，就和她谈谈她老公的身体情况。

如果见到一个儿孙满堂的老奶奶，就和她谈谈她的幸福晚年。

这就是说话的技巧——"见到什么人说什么话"。这不是圆滑，而是一种做人的艺术。那么怎么才能够做到"见到什么人说什么话"呢？

大家不妨从下面几点多做一点工作。

（一）对于一个人要多从他的言行举止等方面观察他的性格。要想征服一个人，必须先了解一个人，只有了解了他，才能够说出他爱听的话。其实了解一个人有很多途径，可以先通过熟知他的人了解一下他的性格特征，或者通过自己的观察来了解他。总之，只有先仔细地了解一个人，才能够做到"见到什么人说什么话"。

（二）置身一个环境中，必先搞清人和人的关系，搞清身边每个人的所好所忌，搞清他们喜欢听什么、厌恶听什么，高兴听什么就说什么，讨嫌的话绝对不说。

（三）开拓自己的知识面。这样才能够和各种人都有话可说，才能够说出对方爱听的话。

和人谈话时，能够面对不同的人说不同的话，是很重要的。

一个人要想使自己说出的话让人爱听，必须把握好说话的分寸。只有根据不同的说话对象，说出他们爱听的话，才能够真正地打动人心。

用尊重消除沟通中的障碍

无论一个人在社会上扮演什么样的角色，充当什么样的身份，礼貌一直是维持人际关系不断互动的规则。有句话叫"尊重别人尊重自己。"一个有礼貌的人到处都会受欢迎，受到人们的热诚接待，而一个习惯于出口不逊的人，就不会得到别人的喜欢。

从前，有个年轻人骑马赶路，忽然见一位老汉从路边经过，他便在马上高声喊道："喂！老头儿，离客店还有多远？"老汉回答："无礼！"年轻人策马飞奔，急忙赶路去了。结果一口气跑了十多里，仍然不见人。他暗想：这老头儿真可恶，说谎话骗人，非得回去教训他一下。他一边想着，一边自言自语道："五里，五里，什么五里！"猛然，他醒悟过来了，这"五里"不是"无礼"的谐音吗？于是便掉转马头往回赶，追上了那位老人，急忙翻身下马，亲热地叫声："老大爷……"话还没说完，老人便说："客店已走过去了，如不嫌弃，可到我家一住。"

这是一则流传很广的故事，虽其真实性值得怀疑。但是它告诉人们这样一个道理：在人际交往中要讲究礼貌。"人而无礼，不知其可。"还有这样一个真实的故事，可以说明一个人在言谈举止方面如果不注意礼貌所带来的后果。

秦昆老师是一所高校有名的教授。有一天，一位外校的同学来找秦教授，要秦教授做他论文的校外评阅人。因为当时规定，论文答辩时要请一个校外的专家来指导。这位同学一进门，见秦老师的屋里坐了好几位老师在商讨什么问题，他也搞不清哪位是秦教授，就张口问道："谁是秦昆呀？"

秦老师听到这个学生直呼自己的名字，脸色微微一变，但还是有礼貌地对他说："我就是，找我有什么事吗？"

那位同学大大咧咧地说："噢，你就是秦昆呀，我可早就听说过你了。我是某教授的学生，我的论文你给我看一下！"

秦教授到底是有涵养的人，看到这个学生这么没有礼貌，只是随口说道："那你就放那里吧！"

这名学生就把自己的论文往秦老师的桌子上一扔，对秦老师说："你快点看呀！后天我们要论文答辩，你可别耽误我的事！"

秦老师这么有涵养的人也忍受不了了，火气顿时涌上来，他对这位同学说："这位同学请留步。请问一下是谁找谁办事呀？你的论文拿走，我没有时间给你看！"

一向很有涵养的秦老师为什么这么生气呢？都是这个同学不懂礼貌惹的祸。对方是一个名满天下的教授，他却像对待小孩子一样直呼其名，一点儿都没有尊敬人的意思，怎么会让秦教授高兴呢？

其实，找人办事得像个找人办事的样子。这名同学如果改变一下自己的说话方式，对秦老师这样说："秦教授，我早就听说过您的大名了，所谓名师出高徒，以前没有机会师从于您，临到毕业的时候不知道能不能得到您的栽培。知道您工作繁忙，但是我很希望能够得到您的指导，希望秦教授您百忙之中给弟子一个机会。"

他能够这么说，不要说秦教授这样有涵养的人了，任何一位老师都会热心地为他评阅论文的。

礼貌就是一个人的名片，说话有礼貌的人到处都会受到人们的欢迎。礼貌不礼貌，看似小事，可有时会直接影响到大事的成败。正如有位名人说的那样："礼貌是人类共处的金钥匙。""生活中最重要的是有礼貌，它比最高的智慧，比一切学识都重要。"所以，我们在日常交往中一定要注意礼貌待人。

周总理是礼貌待人的楷模。他常说："衣着整齐是一种礼貌，表示对人家的尊重。"他虽身为国务院总理，却总是谦虚恭敬、彬彬有礼，处处以礼待人。每次服务员给他端茶，他常常是站起来用双手接过去，并微笑点头致谢；每到一处视察工作，他总是和服务员、厨师、警卫员一一握手，亲切道谢；每次在深夜回家的途中，他也总是再三嘱咐司机要礼貌行车，让外宾先走。外国记者赞美说："大凡见过他的人都认为他具有一种魅力，精明智慧，人品非凡，而且令人神往。"周总理逝世时，一些外国报纸写道：全世界向他致敬，没有人唱反调，这是罕见的事情。周总理以礼待人，赢得了世界人民的赞誉。那么我们在和人交往的过程中应该怎样注意自己语言的礼貌呢？一般需要注意"四有四避"的问题，即有分寸、有礼节、有教养、有学识，要避隐私、避浅薄、避粗鄙、避忌讳。

一、"四有"

（一）要有分寸。

这是语言得体、有礼貌的首要问题。要做到语言有分寸，必须配合语言要素，要在背景知识方面知己知彼，要明确交际的目的，要选择好交际的体式。同时，要注意如何用言辞、行动去恰当表现。当然，分寸也包括具体言辞的分寸。

（二）要有礼节。

有5个最常见的礼节语言的惯用形式，它表达了人们在交际中的问候、致谢、致歉、告别、回敬这5种礼貌。问候是"您好"，告别是"再见"，致谢是"谢谢"，致歉是"对不起"，回敬是对致谢的回敬、致歉的回答，如"没关系""不要紧""不碍事"等。

（三）要有教养。

说话有分寸、讲礼节，内容富于学识，词语雅致，是言语有教养的表现。尊重和谅解别人，是有教养的重要表现。尊重别人符合道德和法规的私生活、衣着、摆设、爱好，在别人的确有了缺点时委婉而善意地指出。谅解别人就是在别人不讲礼貌时，要视情况加以处理。

（四）要有学识。

在高度文明的社会里，必然十分重视知识，十分尊重人才。富有学识的人将会受到社会和他人的敬重，而无知无识、不学无术的粗浅的人将会受到社会和他人的鄙视。

二、"四避"

（一）要避隐私。

隐私就是不可公开或不必公开的某些情况，有些是缺陷，有些是秘密。在现代文明社会中，隐私除少数必须知道的有关人员应当知道，不必让一般人员知道。因此，在言语交际中避谈、避问隐私，是有礼貌的重要表现。欧美人一般不询问对方的年龄、职业、婚姻、收入之类，否则会被认为是十分不礼貌的。

（二）要避浅薄。

浅薄，是指不懂装懂，讲外行话或者言不及义。如：言词单调，词汇贫乏，语句不通，白字常吐。如果与浅薄者相遇，有教养、有知识的人听他们谈话，则无疑会感到不快。社会是知识的海洋，我们每个人都不可能是"万能博士"或"百事通"。我们应当学有专攻又知识渊博，但总有不如他人之处，总有不懂某种知识之处，这时就要谦虚谨慎，不可妄发议论。

（三）要避粗鄙。

粗鄙指言语粗野，甚至污秽，满口粗话、丑话、脏话，上溯祖宗、旁及姐妹、下连子孙及其两性，不堪入耳。言语粗鄙是最无礼貌的表现，它是对一个民族语言的污染。

（四）要避忌讳。

忌讳，是人类视为禁忌的现象、事物和行为，忌讳的语言同它所替代的词语有约定俗成的对应关系。社会通用的避讳语也是社会一种重要的礼貌语言，它往往顾念对方的感情，避免触忌犯讳。

下面是一些重要避讳语的类型：首先是对表示不吉利的事物的词的避讳。比如关于"死"的避讳语相当多，就是与死有关的事物也要避讳，如棺材说"寿材""长生板"等。其次是对谈话对方及有关人员生理缺陷的避讳。比如现在对各种有严重生理缺陷者通称为"残疾人"，是比较文雅的避讳语。最后是对在道德、习俗上不便公开的行为及事物的避讳。比如，把到厕所里去大小便叫去洗手间等。

总之，语言文明看似简单，但要真正做到并非易事。这就需要我们平时多加学习、加强修养，使我们中华民族"礼仪之邦"的优良传统能得到进一步的发扬光大。

"敬人者，人恒敬之。"礼貌是一个人应有的基本修养，在和他人交谈的时候，有礼貌的人都会给人一种好感，受到别人的尊重。所以，在和他人交往的时候，要注意做到自己的一言一行都有礼貌。

用声音打动他

有一只乌鸦打算飞往东方，途中遇到一只鸽子。双方停在一棵树上休息，鸽子看见乌鸦飞得很辛苦，关心地问："你要飞到哪里去？"乌鸦愤愤不平地说："其实我不想离开，可是这个地方的居民都嫌我的叫声不好听，所以我想飞到别的地方去。"鸽子好心地告诉乌鸦："别白费力气了！如果你不改变你的声音，飞到哪里都不会受到欢迎的；如果你无法改变环境，唯一的方法就是改变你自己。"

很多人都爱听相声，都会被相声中那种惟妙惟肖的声音、语气给逗乐了。为什么流传了几千年的相声艺术至今还是经久不衰呢？其中一个原因就是因为相声演员的声音充满了魅力，能够使人爱听，愿意听。所以，侯宝林、马三立等艺术大师的精品段子如今还在人民群众中广泛流传。声音是语言的载体，是我们了解外面世界的媒介，美妙的声音能带给人美的享受。要不宋世雄、赵忠祥等人的声音怎么会感动那么多人呢？人们总是被富有磁性的男中音所吸引，当你处于茫然无助之时，温暖的声音可能会让你顿生雄心，重新站起来，从而使事情有了"柳暗花明又一村"的转机。声音的确具有超乎寻常的魅力，曾经看过这样一个故事。

有一天上午，女主人独自在家，当听到门铃声打开门后，眼前的一幕让她愣住了。一位彪形大汉手拿一把菜刀凶神恶煞地站在门口，妇人见此情形，很快就镇定了，面带微笑温和地说道："哟！您卖刀啊！请进吧。"进屋后，女主人请他坐下，又热情地为他倒茶，这一意外之举令本想来打劫的大汉不知所措。接着女主人又坐下来，还不时地讨价还价。整个过程，女主人始终用一种亲切的语气和这位男子说话，一切都显得如此的亲切与从容。男子紧张的心情慢慢平静下来，心中本要抢劫，却借机把刀卖给这位女主人，就赶快跑掉了。

声音的魅力竟是如此神奇，着实让人意想不到，但女主人的确凭着那温和而亲切的声音打动了一个本打算打劫的男子，让他迷途知返。所以，能说会道的人都需要具备声音的魅力。要想使自己的声音具有魅力，就要提高自己的口语发送能力。

那什么是口语的发送能力呢？简单地说，就是说话时对速度、节奏、声调的高低、声音的轻重、语流的顿挫断连的控制和变化能力，它是语言形象的一个重要的组成部分。如果一个人有较好的声音发送能力，不但发音明亮悦耳、字正腔圆，而且还能随着交际的内容、场景、双方的关系的不同，有高低抑扬、快慢急缓、强弱轻重、顿挫断连、明暗虚实等多种变化，其声音就具有强烈的音乐旋律感和迷人的艺术魅力。

一、如何提高口语发送能力

（一）要发音准确，吐字清楚。

读错字或发音不准，会闹出笑话，毫无魅力可言；吐字不清，含含糊糊，使听众感到吃力，也会降低其接受信息的信心。

（二）要注意声调和语调。

声调即单个词的调子，语调即贯穿整个句子的调子，两者决定了声音的高低抑扬。语调可分为降调和升调两种基本类型，随着句子的语气和表达者感情的变化，可以变化出多种类型。语调有区别句子语气和意义的作用。如"你干得不错"说成降调是陈述句式，带有肯定、鼓励的语气；说成升调是疑问句式，带有不信任和讽刺的意味。在谈话时应注意，以增强吸引听众的魅力。

（三）要注意语言的速度节奏。

人们说话时，影响速度节奏的主要原因是人们内心情绪的起伏变化。速度节奏的控制和变速度节奏的控制，一般要通过音调的轻重强弱、吐字的快慢断连、重音的各种对比，以及长短句式、整散句式的不同配合才能实现。人们应掌握这些规律，做到快慢适中，快而不乱，增强语言形象的美感。

（四）提高口语发送能力，还应注意说话的语气，从说话的音强变化等方面来改进语音形象。

"余音绕梁，三日不绝。"声音是语言的载体，声音动听，可以给人一种美的享受，使别人都爱听自己所说的话。所以，我们在谈话的时候，要注意使自己的声音富有感染力，这样才能打动别人。

在声音的传达过程中，语气也有着重要的作用，也是沟通环节中不可忽视的重要一环，因为语气传达着情绪。

1990年，当哥伦比亚航空公司的一架波音707飞机正在接近纽约肯尼迪机场时，该飞机的飞行员告诉机场空中交通指挥员，在恶劣天气条件下做了几次着陆尝试的该飞机燃料快被耗尽了。然而，由于空中交通指挥员经常听到这些话语，他们对该架飞机的情况并没有采取任何特殊的措施。尽管该飞机的机组成员都清楚这是一个严重的问题，但是他们却没有向空中交通指挥员发出"燃料情况紧急"信号，而这个信号却可以迫使空中交通指挥员安排该飞机在其他飞机之前降落。而且，该架飞机飞行员的声音和语调也没有显示出燃料问题的紧迫性。肯尼迪机场的空中交通指挥员没有意识到这架飞机的真实情况不佳。最后，该架飞机的燃料耗尽，它坠毁在了距离机场16英里的地方，导致73人死亡。这个案例充分说明了语气的作用。

语气在和别人谈话中有着重要的作用，有的人说话对方容易接受、愿意接受，有的人说话对方就不容易接受、不愿接受或者很难接受。这其中的原因，大多是由于语气的不同造成的。一句同样的话，如果用不同的语气来说，就会起到不同的，甚至是相反的效果。例如"我爱你"这三个字，如果用真挚的语气说出来，那就是满怀着对于自己爱人的一腔真情；如果用油腔滑调的语气说出来，那就是另外一种情景了。所以，一定要注意自己在说话时的语气。

有位经验丰富的老师就很善于用自己的语气帮助孩子们。在他的班上有一个孩子，性格比较孤僻、不善言谈，被别的同学称为"弱智"。这位老师在担任他的班主任后，就对他进行了深入的了解，经常鼓励他。有一次课外活动，这个同学独自一人坐在教室里，这位老师便走过去，用最温柔、最耐心的声音同他说话："我发现你上课听讲挺认真的，而且反应并不比别人慢，老师相信你是一个聪明的孩子，只要你努力学习，一定会成为一名优秀的学生。"这个同学听了老师的话，若有所思地点点头。然后，老师又把他带到孩子们中间，并且陪他一起参与到学生活动中去，学生受到老师的影响，都争着和他做游戏。慢慢地，他和同学们的关系变得融洽了，学习也提高上去了，再也没有人说他"弱智"了。

在这位同学的转变过程中，老师的爱心起到了重要的作用，而这种爱心正是靠这种富有爱心的温柔语气表示出来的。

说话要充分表达自己的意思和情感，但却不是靠声高来实现的，而是靠语气的得体而取胜。虽然说"理直"就"气壮"，但有理也要有礼，有理不在声高。有理再加上得体的语气，才会收到"情通理达"的效果。所以，把握好说话的语气，对任何人来说都是非常重要、非常必要的。事情有轻、重、缓、急，语气有抑、扬、顿、挫。只有把握了说话语气的分寸，才能使说出的话被对方充分理解和接受，才能收到说话的预期效果。

当然，说话语气的运用要分对象、分场合、分时间。不同的情况，要运用不同的语气，这其中的分寸，就需要说话者灵活掌握了。

二、如何恰当地使用语言

首先，要因人而异。

驾驭语气最重要的一条是语气因人而异。语气能够影响听者的情绪和语气。语气适应于听者语气，才能同向引发，用喜悦的语气就会引发对方的喜悦之情，用愤怒的语气就会引发对方的愤怒之意；语气不适应于听者，则会异向引发，如生硬的语气会引发对方的不悦之感，埋怨的语气会引发对方的满腹牢骚，等等。

其次，要因地而异。

把握语气要注意说话的场合，这是十分必要的。一般来说，场面越大，越要注意适当提高声音，放慢语流速度，把握语势上扬的幅度，以突出重点。相反，场面越小，越要注意适当降低声音，适当增加词语密度，并把握语势的下降趋向，追求自然。

最后，要因时而异。

同样的一句话，在不同时候说，效果往往会大相径庭。抓住时机，恰到好处，运用适当的语气才能够产生正确的效果。语气傲慢者使人反感，语气谦卑者使人喜欢。同样的话，用不同的语气说出来，就会起到不一样的效果。所以，在说话的时候，就要注意自己的语气，不要给人一种傲慢的感觉。

在与人交往时，要想说话让人家爱听，喜欢听，就要注意控制好自己说话的节奏。

有一次下班途中，一位青年遇到一群刚看完电视球赛的学生，就问："这场比赛谁赢了？"有一个学生兴奋地说："中国队大败日本队获得冠军。"这位青年迷惑了：到底是中国队打败了日本队获得了冠军呢，还是日本队打败中国队获得了冠军呢？他又问了另一位学生，才知道是中国队胜了。

这位学生说的话之所以让别人不明白，就是因为他没有掌握好说话的节奏。说话的节奏其实就是说话的快慢。书面语是借助标点把句子断开，以便使内容更加具体、准确；而说话时就要借助节奏，来帮助我们表达感情。生活中，有的人说话很快，一大堆话一口气就能说完，别人形容像是打机关枪。而另外一种人则恰恰相反，说话慢条斯理，半天也挤不出一句话来。这两种极端的情况就是没有掌握好说话的节奏。说话要有节奏，该快的时候快，该慢的时候慢，该起的时候起，这样有起伏、有快慢、有轻重，才形成了口语的乐感，悦耳动听，否则话语不感人、不动人。口语中有规律性的变，叫节奏。有了这个变化，语言才生动，否则显得呆板。有位意大利的音乐家，他上台不是唱歌，而是把数字有节奏地、有变化地从1数到100，结果倾倒了所有的听众，甚至有的感动得流下了眼泪，可见节奏在说话中是多么重要。

节奏主要体现为快慢和停顿。说话没有节奏变化就会像催眠曲一样使人昏昏欲睡。反之，如果能够掌握好说话的节奏，就会使人愿意听、喜欢听。

某大学举办写作知识讲座，主讲老师在谈到细节描写时，提出了这样一个问题："请问同学们，男生和女生回到宿舍时，摸钥匙开门的动作有什么不一样呢？"然后就闭口不言，停顿下来，让同学们自己去揣摩。台下的大学生们活跃起来了，有的私下议论，有的举手回答，有的干脆掏口袋，模拟一下自己回宿舍时找钥匙的动作。等同学们讨论过一阵子，老师才说："据我观察，大多数的女生才上楼梯时，手就在书包里摸索，走到宿舍门口，凭感觉捏住一大串钥匙中的某一把钥匙，往锁孔里一塞，正好门开了。而大多数的男生呢？他们匆匆忙忙地跑到宿舍门口，'砰'的一脚或一掌，门打不开，才找钥匙。摸了书包摸裤袋，摸了裤袋又摸衣袋，好不容易摸到了钥匙串，把钥匙往锁孔里一塞，打不开。原来钥匙又摸错。"主讲老师的描述引起了会场中一片会心的笑声。等到同学们的笑声过后，老师趁势总结道："把男女生回宿舍摸钥匙开门的动作描述出来，就是细节描写，而细节描写的生动又来源对生活的细致观察。"这位写作老师巧妙地利用停顿，让学生探索悬念的答案，然后利用解答悬念抛出讲学要点，取得了很好的教学效果，这就是利用说话节奏的效果。

那么我们应该怎样才能掌握好说话的节奏呢？其实也没有什么神秘的地方，只要掌握好什么时候应该减速什么时候应该加速就可以了。

第一，说话时应该减速的地方。

需要特别强调的事情；极为严肃的事情；勉强控制的感情；使人感到疑惑的事情；数据、人名、地名；等等。

第二，说话时应该加速的地方。

任何人都知道的事情；不太重要的事情；精彩的故事进入高潮时；无法控制的感情；等等。

说话的节奏和说话的语气一样，都会影响到听众。说话的节奏不同，给人的感觉也不同，说话的节奏快了，会给人一种急促的感觉，说话的节奏慢，会给人一种平缓的感觉。所以，在说话时要注意恰当地运用说话的节奏，把自己的感觉表达出来。

善于称呼才能让人喜欢你

称呼，是人与人之间在交往中一方对另一方的称谓。在日常生活中，称呼是一种友好的问候，是人与人交往的开始。有形成文明规范的礼貌称呼，也有朋友之间的"昵称""绰号"。如何称呼别人，是非常有讲究的一件事。用得好，可以使对方感到很亲切，可以帮助自己在人际交往中如鱼得水、事半功倍，给别人一个良好的印象。反之，如果称呼不得体，往往会引起对方的不快甚至恼怒，使双方的交流陷入尴尬的境地，导致交流不畅甚至中断。

一位大学生，刚考进大学的时候对于周围的环境不是特别熟悉，这时她看到自己宿舍楼的管理员是一位头发花白的老大妈，就上去问这老大妈："老奶奶，去食堂怎么走呀？"谁知道，这位大妈竟然把头一扭，没有搭理她，这位大学生感到很纳闷，不明白是怎么回事。这时，旁边一位管理员过来对她说："她不喜欢别人叫她老奶奶，你得叫她阿姨，她就对你热情了。"原来，这位老大妈虽然年纪有点大了，但是心还是年轻的，所以她不愿别人叫她奶奶，而喜欢别人叫她阿姨。于是，这位大学生走过去，亲热地叫了一声"阿姨"，果然这位老大妈很热情地转过身来，对她说："有什么事吗？"当她知道这位大学生要去食堂时，就一直领着她找到食堂才回来。由此可见，对于别人称呼的重要性。

称呼他人是一门极为重要的艺术，若称呼得不妥当很容易让他人产生反感，甚至忌恨在心，久久无法释怀。在称呼别人时，除了要注意有礼貌之外，还要注意各地方的地域差别。由于各地的风俗人情不一样，不同的称呼所蕴含的意思也不一样。有时候在这个地方是尊敬的意思，但是到了另外一个地方可能就有侮辱的意思，所以这一点要多加注意。

陈先生一次出差广州，和朋友一起到一家餐厅吃饭，因为习惯，他随口喊道："小妹，给我们拿点纸巾。"让他没想到的是，不仅服务员迟迟不动，周围所有的人都以不屑的眼光看着他，陈先生以为她没有听见，又高声叫了一下，谁知这位服务员干脆走开，再也不搭理他了。后来，在朋友的解释下，他才得知"小妹"这个称呼在广州很敏感，特别是对一些外地打工的女孩来说，是一种鄙视和瞧不起的称呼，也难怪陈先生称呼人家"小妹"受到了冷遇。

称呼既然如此重要，那么在交往当中就要注意慎重地选择称呼。那么在选择称呼时应该遵循什么样的原则呢？

一、要考虑对方的年龄

见到长者，一定要用尊称，特别是当你有求于人的时候。比如"老爷爷""老奶奶""大叔""大娘""老先生""老师傅""您老"等，不能随便喊"喂""嗨""骑车的""放牛的""干活的"等。否则，会使人讨厌，甚至发生不愉快的口角。另外，还需注意，看年龄称呼人，要力求准确，否则会闹笑话。比如，看到一位二十多岁的女性就称"大嫂"，可实际上人家还没结婚，这就会使人家不高兴，不如称她"大姐"更合适。

二、要考虑对方的职业

称呼别人的时候还要考虑到别人的职业。对不同职业的人，应该有不同的称呼。比如，对农民应称"大爷""大娘""老乡"；对医生应称"大夫"；对教师应称"老师"；对国家干部、公职人员、解放军和民警，最好称"同志"；对刚从海外归来的外籍华人，若用"同志"

称呼，有可能使他们感到不习惯，而用"先生""太太"称呼倒会使他们感到自然亲切。

三、要考虑对方的身份

有位大学生一次到老师家里请教问题，不巧老师不在家，是他的爱人开门迎接，当时不知称呼什么为好，脱口说了声"师母"。老师的爱人感到很难为情，这位学生也意识到有些不妥，因为她也就比这学生大不了多少。所以，最好的办法就是称呼"老师"，不管她是什么职业(或者不知道她从事什么职业)，称呼别人"老师"都含有尊敬对方和谦逊的意思。

四、要考虑说话的场合

称呼上级和领导要区分不同的场合。在日常交往中，对领导、对上级最好不称官衔，以"老张""老李"相称，使人感到平等、亲切，也显得平易近人，没有官架子。明智的领导会欢迎这样的称呼。但是，如果在正式场合，如开会、与外单位接洽、谈工作时，称领导为"王经理""张总"等常常是必要的，因为这体现了工作的严肃性、领导的权威性。

五、要考虑自己与对方的亲疏关系

在称呼别人的时候，还要考虑到自己与对方之间关系的亲疏远近。比如，和你的兄弟姐妹、同窗好友、同一车间班组的伙伴，还是直呼其名更显得亲密无间、欢快自然、无拘无束。否则，见面后一本正经地冠以"同志""班长"之类的称呼，反而显得外道、疏远了。当然，为了打趣故作"正经"，开个玩笑，也是可以的。在与多人同时打招呼时，更要注意亲疏远近和主次关系。一般来说，以先长后幼、先上后下、先女后男、先疏后亲为宜。

在交际过程中，称呼往往是传递给对方的第一个信息。不同的称呼不仅反映了交际双方的角色身份、社会地位和亲疏程度的差异，而且表达了说话者对听话者的态度和思想感情，而听话者通过对方所选择的称呼形式可以了解说话者的真实意图和目的。恰当的称呼能使交际得以顺利进行，不恰当的称呼则会造成对方的不快，为交际造成障碍。为了保证交际正常进行，说话者要根据对方的年龄、职业、地位、身份，以及同对方的亲疏关系和谈话场合等一系列因素选择恰当的称呼。

不要忽视非语言因素

柯恩登在为林肯写传记时，用这样的文字来描写他："林肯更加喜欢用脑袋来做姿势，他会经常扭动头部。当他想要强调某个观点的时候，这种动作特别明显。有时，这种动作会戛然而止……随着演讲的进行，他的动作会越来越随意，最后趋于完美。他有完全属于自己的自然感和特点，这使得他变得很高贵。他瞧不起虚荣、炫耀和做作……有时为了表示喜悦，他会高举双手大约成50度，手掌向上，看起来好像要拥抱那种情绪。当他想表现厌恶时——比如对黑奴制度——他就会举高双臂、握紧拳头，在空中挥舞，表现出强烈的厌恶感。这是他最有效的手势，表现了他最坚定的决心，看起来他好像要把这些东西扯下来烧了一样。他总是站得很规矩，双脚并齐，决不会一脚前一脚后，也决不会扶在什么东西上面。在整个演讲中，他的姿态和神态只有稍微的变化。他也决不乱喊乱叫，不会在台上走动。为了使双臂轻松，他有时也会用左手抓住衣领，拇指向上，而只用右手来做手势。"

林肯的肢体语言所呈现出的信息是如此丰富，有人还根据林肯演讲时的一种姿态为他雕塑了一座雕像，立在林肯公园内。当然，你没有必要一定要模仿林肯的姿势，但是你一定需要注意你的姿势。

你要知道，非语言信息所传达出的信息比语言本身更富有内涵。你的体态，包括你的表情、身体姿势和手势所传达出的信息构成了你的一种肢体语言。这种信息，更具有丰富的意义和说服效果，成为你个性魅力的展示，并作为你独特的形象深入人心。

当别人对你做出如下评论时，你就应当找出问题的根源了。"他懒吗？""病了吗？""累了吗？"如此消极猜测的话，很可能是因为你呈现给他们的体态中含有了这类信息。当然，仅仅注意这些还远远不够。你需要加倍完善和丰富你的体态，可以从下面几方面着手来做。

一、面部表情

面部表情具有极其丰富的含义。人们常说，眼睛是心灵的窗户，那么，脸就是心灵的外观。你的所有情绪都写在你的脸上，如果你不是一个善于控制情绪的人。无论如何，你可以而且往往会通过表情传达更多的信息。

表情有喜怒哀乐，但是对说话的人来说，一般情况下最重要的表情是微笑，它是拉近你和对方距离的最简单有效的方法。当然，还有更多的表情，这要看你的说话内容而定了。

二、身体姿势

在你讲话之前，听话的过程中——尤其是在演讲的时候——如果你必须面对对方坐下，你就必须注意坐姿。不要四处张望，那非常像是一只动物在找一处可以躺下来过夜的地方，而不是表示对与对方谈话更加有兴趣。

在你坐下来的时候，不要玩弄衣服或别的什么东西，这会分散对方的注意力，而且这样会使人觉得你不够稳重、没有自制力。所以，你必须保持静止状态，控制自己的身体。

当你准备讲话的时候——不论你是站着还是坐着——挺起你的胸膛，显出你很有自信的样子。不要等到面对听众时才这么做，你平时就需要这么做。

三、手势

手，人类身体最灵活的部位。手的表情——手势，使人类肢体语言具有最丰富的内涵。手势语言是人类在漫长进化历程中最早使用的一种沟通工具，手势语言是运用手指、手掌和手臂的动作变化来传达信息的一种无声语言。它使用的范围很广，便捷、灵活、变化多样，不仅能辅助有声语言，甚至有时还可以替代有声语言。正因为如此，有人称手势语言为人类的"第二语言"。

手势是最自由和最强有力的体态语，也正是这个原因，人们往往也最容易犯错误。这里讲述手势语，主要讲当你站着讲话时的手势。

那么在讲话时，你应该如何利用好你的双手呢？在你开始讲话的时候，最好忘记自己的手，你不用担心会失去它。它们会很自然地下垂在身体两侧，那是最好的一种姿态。当然，在需要的时候，你会记得用它们来做出恰当的手势的。

大多数人也许会保持这么一种姿势，他们要么把手放在背后，或者插在口袋里，或者放在桌子上，因为这样做能减少他们的紧张感。这时，你更没有必要在乎它。许多人都是这么做的，即使罗斯福总统有时也会这么做，好像这种姿势具有非常大的诱惑力似的。

实际上，除了一些经验之外，每个人都是从自己的内心出发并根据自己的思想和兴趣来做手势的。唯一有价值的手势，就是你天生学会的那一种。手势完全不同于衣服，衣服可以穿上换下，而手势却是发自内心的，就像大笑、腹痛、晕船一样。一个人的手势，是属于他个人的东西。

既然如此，我们只要随心所欲地发挥就好了。只有那些你内心当中的冲动和欲望才是最值得信任的，这些东西给你的指导最重要。但是你还是需要注意下面几点，以更好地提升你说话的力度，塑造你完美的形象。

（一）不要过多地重复同一种手势，那将会留给他人枯燥的印象。

（二）不要用肘部做短而急促的动作，由肩部发出的动作看起来要好很多。

（三）手势不要结束得太快。

享受说话的乐趣

古往今来的成功人士，大多以口若悬河名扬四海。他们在当众说话时，表情泰然自若，语言真切动人，从而具有很强的说服力，极易引起听众的共鸣。

然而，生活中也有一些人缺乏自信，羞于当众讲话。在美国，有人曾以"你最怕什么"的问题，对3000人进行了调查。调查的结果显示，人们最怕在众人面前讲话。有人坦然承认自己的羞怯："我总是因为羞怯，不敢在众人面前讲话，那会使我心跳加快，脑中一片空白……"

说话羞怯的人通常认为别人很勇敢，怯场的只有自己。因此，他们总是责备自己："为什么只有我是这样的呢？"其实，说话怯场的人非常多，并非某个人特有的"专利"，只不过别人怯场的状态你没有在意罢了。

在卡耐基的演讲训练班里，经调查得出80%~90%的学员在上课之初会感到上台的恐惧。许多职业演讲者都向卡耐基坦白过，他们从来没有完全消除登台的紧张情绪。在他们发言之前，总是会害怕，而且这种害怕在演讲开始阶段一直持续着。

俗话说，树要皮，人要脸。所谓"要脸"，就是特别关注自己在别人心目中的形象。每个人都有一种理想的自我形象，总是希望别人都以赞许的目光看待自己；每个人还都有一种社会的自我形象，总是希望在群众中和社交中大家都能喜欢自己；每个人都有一种性别上、年龄上、职业上、家庭上，以及经济上的自我形象，总是希望自己在各个方面都能融入社会。对经验很少的年轻人来说，这些更是十分自然而强烈的。年轻人总有一些从未体验过的欲望和不便公之于众的弱点和心愿。于是，自信与自卑、开朗与烦恼、大胆与怯懦、立志和消沉等互相矛盾的心理在他们身上往往混合存在、交替出现，因而他们也就特别关心自我形象在别人心目中会是什么样子，对周围的一切也就特别敏感。

由于害怕丢面子，被人议论，所以胆怯、腼腆、惊慌和恐惧便涌上心头。这种胆怯心理，不是少数人的问题，而在大多数人身上都程度不同地存在着，其比例还相当高。在青少年中大约占80%以上，而在已经工作多年、有一定阅历的人当中差不多也占50%以上。这不能不说是一个社会性的普遍难题。

可以毫不夸张地说，人人都可能在说话前后或说话过程中产生紧张、恐惧心理。性格内向、沉默寡言者如此；生性活泼、思想活跃者如此。即便演说专家、能言善辩者也不例外。每当我们打开电视机时，往往会被一些潇洒大方、表达自如的节目主持人所折服；每当我们拧开收音机时，也往往会被一些口若悬河、音色优美的播音员所倾倒。其实，他们也并非我们所想象的那样在说话时无忧无虑、应付自如。他们也常常怯场。据闻，日本某演员临近自己拍片的时候就想上厕所，甚至一去就是10分钟。美国某播音员，起初每临播音，都要先到浴池去洗一次澡，不这样，播音时就不能镇定自若。如果碰到外出进行现场直播，他便不得不提前到达目的地，并在直播现场寻找浴室。

纵览古今中外，很多政治家、演说家最初都有过怯场的经历。就拿丘吉尔来说，他当年在演讲台上窘迫不已，恐惧得甚至连一句话都说不出来，直到被轰下台去。但他并未就此消沉下去，而是勇敢地面对现实，勤讲多练，决不放过每一次讲话机会，演讲水平日益提高。后来，他的就职演讲被誉为最精彩的首相就职演讲之一。

又如美国著名的总统演讲家林肯，在最初走上演讲台时，尽管经过周密细致的思索，做了充分的准备，但仍然遭到了失败。极度的恐惧让他语无伦次，别人不知他在说什么。

随着人类社会的不断发展，人类文明的日益繁衍，人类的语言也渐趋复杂化、技巧化。同时，由于有些人天生性格内向、性情孤僻，致使他们产生了对说话的胆怯心理。

"我总是不敢在人面前讲话、发言，那会使我心跳加快，脑中一片空白……"有人坦然地承认自己说话的胆怯，而且对此颇为苦恼。

然而，往往每一个说话胆怯的人都会误以为自己是个例，他们总是会想：为什么自己会这样呢？要是能像别人一样谈吐流畅该多好啊！其实，人人都会出现说话胆怯的情况，怯场是一件非常正常的事。

日本有位专家认为，人类用以视觉为首的五官来感知外界的动态，随即采取相应的行动。所谓"怯场"一事，乃人体器官正常动作的一种先兆，这种动作是当在大庭广众或见到意想不到的陌生面孔等之后，五官感受到了，并对之作出反应，明显症状是脸红、心扑通扑通地跳、语无伦次、词不达意，等等。如果此刻说话者想到：怯场啦！怎么办呀！他就会因慌张而说不出话来。但是，如果他当时想到的是：换了任何一个人遇此情景，都有可能怯场！那他心里就会踏实多了，并随之镇静下来，很快恢复正常。所以，正确地对待怯场非常重要。我们可以把平时生活中关于怯场之类的事反复地思量一下，清醒一下自己的头脑，正确对待怯场这件事。

问问自己为什么怕被人笑呢？自己说的话真的值得被人取笑吗？怎样才能避免被人笑话呢？是不是自己说话缺乏自信才招致别人笑话呢？究竟怎样才能克服胆怯，提高自己的语言交际能力呢？如果说话者能够真正地把这些问题分析清楚了，查出了症结所在，一切难题也就迎刃而解了。

说话怕羞的人甚至可以这样想，如果你被一个人取笑，不等于所有人都会取笑你；如果你的话可笑，那并不代表你所说的每一句话都会让人取笑；如果你的话可笑，那别人笑的只是那句话，而不是你本人。何况，谁都被人笑过，这是很平常的事。而且，如果那个笑你的人是一个以取笑别人为乐的人，那么错不在你身上，而在取笑你的那个人身上。古今中外那么多名人都有过怯场的经历，你只是一个普通人，紧张是在所难免的。

在现实生活中，羞于讲话的原因主要是缺乏心理准备和实际训练，通过下列方法你就可以克服。

一、努力使自己放松

一般紧张时说话都会有以下几种表现：怯场——呼吸紊乱——头脑反应迟钝——说话没有条理。因此，全身放松，进行深呼吸，你就会很快冷静下来，精力集中。

二、搜集一些有吸引力的话题

在平时生活中，你要随时注意观察他人谈论的话题，自己开口说话时，多谈论一些能引起别人兴趣的话题，同时避免谈及一些容易引起争执的话题，这样可以避免谈话时自己过分紧张。

三、丰富话题内容

话题来源于生活，来源于你对生活的感受和观察。平时你要多留心生活，与各种各样的人交谈，积累丰富的话题，锻炼自己说话的胆量，保证讲话时心中不会紧张。

当你真正认识到说话怯场的真实状况，就不再那么担心会"丢脸"。心情放松下来，你的谈吐自然会随之舒畅起来。

第二章 沟通的智慧——对不同的人说不同的话

■ 我们在与别人交流时，也要注意因人而异，讲究求神看佛，说话看人。

俗话说，人上一百，形形色色。人各有其情，各有其性。言辞表达的内容和方式要因人而异，符合接受对象的脾气性格，才有可能产生"同声相应，同气相求"的效果。我们在与别人交流时，也要注意因人而异，讲究求神看佛，说话看人。性格外向的人易于"喜形于色"，性格内向的人多半"沉默寡言"。同性格外向的人谈话，你可以侃侃而谈；同性格内向的人谈话，则应注意循循善诱。两千多年前，孔子就注意针对学生的不同性格来回答他的问题。

有一次，孔子的学生仲由问孔子："听到了，就可以去干吗？"孔子回答说："不能。"另一个学生冉求也问同样的问题："听到了，就可以去干吗？"孔子的回答是："那当然，去干吧！"公西华听了，对于孔子的回答感到有些疑惑，就问孔子说："这两个人问题相同，而你的回答却相反。我有点儿糊涂，想来请教。"孔子答："求也退，故进之；由也谦，故退之。"孔子的意思是，冉求平时做事好退缩，所以就给他壮胆；仲由好胜，胆大勇为，所以要劝阻他，做事要三思而行。

可见，孔子诲人不是千篇一律，而是因人而异、因材施教，特别注意学生的性格特征，因此能够使学生听进自己的话。

会说话的人最重要的一点就是要"烧香看佛，说话看人"，左右逢源，见什么人说什么话。《红楼梦》里林黛玉小心翼翼初登荣国府的时候，王熙凤的几段话就展现了她"会说话"的超凡才能。先是人未到话先到："我来迟了，不曾迎接远客！"尚未出场，就给人以热情似火的感觉。随后拉过黛玉的手，上下细细打量了一回，仍送至贾母身边坐下，笑着说："天下竟有这样标致的人物，我今儿算见了！况且这通身的气派，竟不像老祖宗的外孙女儿，竟是个嫡亲的孙女儿，怨不得老祖宗天天口头心头一时不忘。只可怜我这妹妹这样命苦，怎么姑妈偏就去世了！"一席话，既让老祖宗悲中含喜，心里舒坦，又叫林妹妹情动于衷，感激涕零。而当贾母半嗔半怪说不该再让她伤心时，王熙凤话头一转，又说："正是呢！我一见了妹妹，一心都在她身上了，又是喜欢，又是伤心，竟忘了老祖宗。该打，该打！"至此，她把初次见到林妹妹应有的悲喜爱怜的情绪，抒发表演得淋漓尽致。

如何对上司说

职场中，我们经常要与上司沟通，与上司沟通的质量，决定了我们事业的成败，那怎样与上司对话呢？先看以下两个案例：

片段一

董事长："余总经理，你注意一下，我们的钢铁销量最近正在下滑。"

总经理："对不起，董事长。这是我的错，我马上召集有关人员调整销售策略。"

董事长："西班牙瓦布贝尔家具最近不太好卖，怎么回事儿？"

总经理："这也是我失察，我尽快找出解决方案。"

董事长："还有，余总经理，你注意一下，听说王厂长最近在闹情绪，想辞职。"

总经理：……

片段二

董事长："余总经理，你注意一下，我们的钢铁销量最近正在下滑。"

总经理："董事长，这是因为韩国釜山钢铁最近一直在美国不停地杀价，我也没有办法呀！"

董事长："西班牙瓦布贝尔家具最近不太好卖，怎么回事儿？"

总经理："我以前提醒过您不要进口西班牙大理石的家具。"

董事长："还有，余总经理，你注意一下，听说王厂长最近在闹情绪，想辞职。"

总经理："我听说那个家伙在外面'包二奶'……"

无疑，不在上级面前过多地谈自己的下属，不拿客观事实当挡箭牌，尽可能地"努力表现"是一个成功者必备的职业操守。

一、与上司有效沟通的10个技巧

要是你以为单凭熟练的技能和辛勤的工作就能在职场上出人头地，那你就有点无知了。当然，才干加上超时加班固然很重要，但懂得在关键时刻说适当的话，才是成功与否的决定性因素。卓越的说话技巧，不仅能让你的工作生涯加倍轻松，更能让你名利双收。牢记以下10个句型，并在适当时刻派上用场，加薪与升职必然离你不远。

（一）以最婉约的方式传递坏消息句型：我们似乎碰到一些状况……

你刚刚才得知，一件非常重要的案子出了问题，如果立刻冲到上司的办公室里报告这个坏消息，就算不关你的事，也只会让上司质疑你处理危机的能力，弄不好还惹来一顿骂，把气出在你头上。此时，你应该以不带情绪起伏的声调，从容不迫地说出本句型，千万别慌慌张张，也别使用"问题"或"麻烦"这一类的字眼。要让上司觉得事情并非无法解决，而听起来像是你将与上司站在同一战线，并肩作战。

（二）上司传唤时责无旁贷句型：我马上处理。

冷静、迅速地做出这样的回答，会令上司认为你是名有效率、听话的好部属；相反，犹豫不决的态度只会惹得责任本就繁重的上司不快。夜里睡不好的时候，还可能迁怒到你头上呢！

（三）表现团队精神句型：罗娜的主意真不错！

罗娜想出了一条连上司都赞赏的绝妙好计，你恨不得你的脑筋动得比人家快；与其拉长脸孔、暗自不爽，不如偷沾他的光。方法如下：趁着上司听得到的时刻说出本句型。在这个人人都想争着出头的社会里，一个不妒忌同事的部属，会让上司觉得此人本性纯良、富有团队精神，因而另眼看待。

（四）说服同事帮忙句型：这个报告没有你不行啦！

有件棘手的工作，你无法独力完成，非得找个人帮忙不可，于是你找上了那个对这方面工作最拿手的同事。怎么开口才能让人家心甘情愿地助你一臂之力呢？送高帽、灌迷汤，并保证他必定回报；而那位好心人为了不负自己在这方面的名声，通常会答应你的请求。不过，将来有功劳的时候别忘了记上人家一笔。

（五）巧妙闪避你不知道的事的句型：让我再认真地想一想，3点以前给您答复好吗？

上司问了你某个与业务有关的问题，而你不知该如何作答，千万不可以说"不知道"。本句型不仅暂时为你解危，也让上司认为你在这件事情上很用心，一时之间竟不知该如何启齿。不过，事后可得做足功课，按时交出你的答复。

（六）智退性骚扰句型：这种话好像不大适合在办公室讲喔！

如果有男同事的黄腔令你无法忍受，这句话保证让他们闭嘴。男人有时候确实喜欢开黄腔，但你很难判断他们是无心还是有意，这句话可以令无心的人明白适可而止。如果他还没有闭嘴的意思，即构成了性骚扰，你可以向有关人士举发。

（七）不着痕迹地减轻工作量句型：我了解这件事很重要，但我们能不能先查一查手头上的工作，把最重要的排出个优先顺序？

首先，强调你明白这件任务的重要性，然后请求上司的指示，为新任务与原有工作排出优先顺序。不着痕迹地让上司知道你的工作量其实很重，若非你不可的话，有些事就得延后处理或转交他人。

（八）恰如其分地讨好句型：我很想知道您对某件案子的看法……

许多时候，你与高层要人共处一室，而你不得不说点话以避免冷清尴尬的局面。不过，这也是一个让你能够赢得高层青睐的绝佳时机。但说些什么好呢？每天的例行公事，绝不适合在这个时候被搬出来讲，谈天气嘛，又根本不会让高层对你留下印象。此时，最恰当的莫过谈一个跟公司前景有关，而又发人深省的话题。问一个大老板关心又熟知的问题，当他滔滔不绝地诉说心得的时候，你不仅获益良多，也会让他对你的求知上进之心刮目相看。

（九）承认疏失但不引起上司不满句型：是我一时失察，不过幸好……

犯错在所难免，但是你陈述过失的方式，却能影响上司对你的看法。勇于承认自己的疏失非常重要，因为推卸责任只会让你看起来就像个讨人厌、软弱无能、不堪重用的人。不过这不表示你就得因此对每个人道歉，诀窍在于别让所有的矛头都指到自己身上，坦承却淡化你的过失，转移众人的焦点。

（十）面对批评要表现冷静句型：谢谢你告诉我，我会仔细考虑你的建议。

自己苦心经营的成果遭人修正或批评时，的确是一件令人苦恼的事。不需要将不满的情绪写在脸上，但是却应该让批评你工作成果的人知道，你已接收到他传递的信息。不卑不亢的表现令你看起来更有自信、更值得人敬重，让人知道你并非一个刚愎自用或是经不起挫折的人。

二、对上级说话要留面子

上级作为一个部门的领导，有一定的权威和尊严。所以，在和上级讲话的时候给上级留面子，维护领导的尊严，这样才能够和上级更好地沟通。

小王这几天对自己的部长很不满意，到处发牢骚。原来别的部门要从小王所在的部门调一个人过去，小王很想换一个部门尝试一下，而且那个部门是做技术的，小王正好有这方面的特长。于是，在部长向员工征询意见的时候，小王就主动地向部长表示自己愿意过去，但是部长好像根本就没有注意到她，最后反而让别人去了。更让小王郁闷的是，过去的人对于技术根本一窍不通。

小王为什么没有能够如愿以偿呢？仔细分析起来，是她与上级交流的方式有问题。作为一名下属，这样迫不及待地直接向上级要求去另外一个部门，作为上司会感到很没有面子。"难道你就这么不愿意待在我领导的部门里吗？"他自然就不会顺顺利利地让小王去了，就算换了别人，估计也不会让小王就这么去别的部门工作。如果小王能够换个方式，找个没有旁人在场的时候和上级好好谈谈，向他表示：我很不愿意离开这个部门，我很想继续被您领导。但是我觉得自己对于这个工作是一个比较合适的人选，如果让我过去试试，我一定很感谢领导对我的栽培。相信这样领导会很乐意让小王过去的，这样也不会伤和气。部长得面子，你得实惠，双方皆大欢喜。

所以，在和上级交流时给上级留面子是很必要的。

宋先生在一家比较知名的企业任总经理助理，他的顶头上司贺总是搞技术出身。由于长期在研究开发领域工作，贺总对于企业管理是一知半解、知之甚少。出于对技术的钟情与依恋，贺总总是喜欢直接插手技术部门的事，把管理的层级体系搞得乱七八糟，属下表面上不说什么，但私下里无不怨声载道，让宋先生感到与其他部门沟通协调很吃力。经过思考，宋先生决定向贺总提出意见。他对贺总说："真正意义上的领导权威包含着技术权威和管理权威两个层面，贺总您的技术权威已经牢固树立起来了，但是管理权威则有些薄弱，还需要加强。"贺总听后，若有所思。后来，贺总果然越来越多地把时间用在人事、营销、财务的管理上，企业的不稳定因素得到有效控制，公司运营进入了高速发展的态势，宋先生的各项工作也顺风顺水，渐入佳境。

以上案例中，宋先生巧妙地规劝了自己的顶头上司，结果获得了成功。给上级留面子，的确是给上司提意见的上等策略。

首先，它没有排斥上司的观点，而是站在上司的立场上，最终是为了维护上司的权威，出发点是善意的、良性的。

其次，这种策略是一种温和的方式，能够充分照顾上司的自尊，易于被上司所接受，成功率较高。这需要很强的综合能力以及很高的社会修养，并非轻易就能够针对不同情况，不断提出有效的兼并上司立场的意见。那么，在和上级交流的时候怎样才能够取得良好的效果呢？

（一）要选择适当的时机。

要照顾到你上司的心情。请记住他也是个普通人，当公务缠身、诸事繁杂时，他未必有很好的耐心随时倾听你的建议——尽管极具建设性。

（二）积极关注对方，举例要恰当。

谈话时应密切注意对方的反应，通过他的表情及肢体语言所传递出的信息，迅速判断他是否接受了你的观点，并需要适当地举例说明，以增强说服力。

（三）态度要诚恳，说话要有分寸。

注意说话的态度和敬语的运用，恰到好处地表达出你的意思，由于你的坦率和诚意，即使对方不完全赞同你的观点，也不会影响到他对你个人的看法。

（四）说话要简短，学会长话短说。

上司一般来说都对下属提出的过长的意见感到不耐烦。如果你能在一分钟内说完你的意见，他就会觉得很愉快，而且如果觉得有理，也比较容易接受。反之，倘若上司不赞同你的意见，你也不会因此而浪费他太多的时间，他反而会为此欣赏你。上级总要保持一定的尊严，所以在面对上级时，要注意维持上级的尊严，注意给上级留面子，这样才能够和上级很好地交流。否则的话，如果不给上级留面子，上级也肯定不会听从你的意见，即使你的意见是正确的。

和同事沟通时的说话技巧

同事应该是与你相处时间最长的人了。和同事的关系处理得好，就能够促进自己的工作，否则的话，对自己的工作就是一种障碍。所以，在和同事交往的时候，注意说话的技巧很重要。

与同事相处，说话要讲究分寸。话太少不行，人家会认为你不合群、孤僻、不善交往；话多了也不行，容易让别人反感，而且也容易让别人误解，认定你是个乌鸦嘴。所以说话一定要讲分寸，该说的，一定要说，说得到位；不该说的，一定不说，要恰到好处，适时打住。

小乐是一名踏实肯干的女孩子，能够很好地完成老总交给的任务。所以，老总对她很是器重和信任，把一些较为复杂的工作放心地交给她去做。更让小乐感到自豪的是，只要自己一从老总办公室出来，大伙儿就对自己亲热起来，问长问短。原来，大家总是想从小乐口里套到有关公司的机密。为了和大家打成一片，小乐把公司的一些事儿告诉了大家。可是，慢慢地小乐发现，如此的"牺牲"并没换来同事的真心。一天同事在背后说："一个连老板都敢出卖的人，估计不是什么好人，谁敢和她走得近！"听到这种话，小乐欲哭无泪，也很心寒。小乐其实犯了和同事交往的一个大忌，不能够把公司的秘密泄露出去。

有一句话叫作"祸从口出"，在和同事交往中一定要把好口风，什么话能说，什么话不能说，什么话可信，什么话不可信，都要在脑子里多绕几个弯子，心里有个小算盘，这样才能够和旁人搞好关系。同事之间切忌在别人背后说话。在别人背后说的话，只要人多的地方，就会有闲言碎语。有时，你可能不小心就成为"放话"的；有时，你也可能是别人"攻击"的对象。这些耳语，比如领导喜欢谁，谁最吃得开，谁又有绯闻等，就像噪音一样，影响人的工作情绪。聪明的你要懂得，该说的就勇敢地说，不该说就绝对不要乱说。"谁人背后无人说，谁人背后不说人。"这话虽然说得有些绝对，却也说明了一个道理，那就是，大多数人都多多少少地在背后说过别人，只是所说的是好话还是坏话就无从考证了。不过有一点，经常在背后说别人坏话的人，肯定不会是受欢迎的人。因为凡是有点头脑的人，都会自然而然地这么想：这次你在我面前说别人的坏话，下次你就有可能在别人面前说我的坏话。这样一来，你在别人的印象中就不可能好到哪里去了。

所以，在和同事打交道的过程中，除了不要在背后乱说话之外，还要注意以下几点。

一、办公室不是互诉心事的场所

许多爱说话、性子直的人，喜欢向同事倾吐苦水。虽然这样的交谈富有人情味，能使你们之间变得友善，但是研究调查表明，只有不到1％的人能够严守秘密。所以，当你的个人危机和失恋、婚外情等发生时，你最好不要到处诉苦，不要把同事的"友善"和"友谊"混为一谈，以免成为办公室的注目焦点，也容易给老板造成"问题员工"的印象。

二、办公室里最好不要辩论

有些人喜欢争论，一定要胜过别人才肯罢休。假如你实在爱好并擅长辩论，那么建议你最好把此项才华留在办公室外去发挥。否则，虽然你在口头上胜过对方，其实是你损害了他的尊严，对方可能从此记恨在心，说不定有一天他就会用某种方式还你以"颜色"。

三、同事面前不要当众炫耀

在同事面前不要当众炫耀，这样做只会招来嫉恨。有些人喜欢与人共享快乐，但涉及你工作上的信息，比如即将争取到一位重要的客户，老板暗地里给你发了奖金等，最好不要拿出来向别人炫耀。只怕你在得意忘形时，有某些人眼睛已经开始发红。办公室是一个是非之地，一句话不慎就有可能引来一场是非。所以，在办公室说话要讲究技巧，该说的说，不该说的不要说，以免招来麻烦，给自己的工作带来影响。

与客户沟通时说话要热情

热情是世界上最有价值的一种感情，也最具感染力。有人做过研究，热情在成功销售的案例中占的分量为

95％，而产品知识只占5％。自己充满了热情，即使你工作不是很顺利，也会很好地完成任务。如果没有热情，你的工作就会像放蔫了的蔬菜，毫无生气和新鲜可言。有热情才会有动力，有动力才能全身心地去做好每一件事，尤其是对客户讲话的时候，这是成功的基本要素之一。有了热情，销售才有可能取得成功。没有一位顾客愿意从一位阴沉着脸、死气沉沉的售货员手里购物。无论是对商场、超市里的导购员，固定客户服务的销售人员，还是对拿佣金的销售人员来说，热情都能创造收益。

江民是一位非常优秀的电脑推销员。有一天，一位顾客来到他的电脑直销店挑选电脑。那位顾客看了店里所有的电脑之后，也没有看中任何一款，正准备离开，这时江民走过去热情地对他说："先生，我可以帮助你挑选到你最满意的电脑，我是这里的推销员，我很熟悉附近的电脑直销店，我愿意陪你一起去挑选，而且还可以帮你砍价。"这位顾客同意了江民的请求，江民带着他来到了别的电脑直销店。那位顾客看了所有的电脑，还是没有挑选到他自己最满意的电脑，最后，那位顾客对江民说："我还是决定买你的电脑。老实说，我决定买你的电脑并不是你的电脑比其他店里的要好，而是你对顾客负责的精神感动了我。到目前为止，我还没有享受过这种宾至如归的服务。"结果，那位顾客从江民那里买了好几台电脑，而且那位顾客还在他的朋友圈内为江民免费做广告，介绍了很多客户到江民的电脑直销店来买电脑。

热情最能够感化他人的心，在对待顾客的时候要富有热情，在销售过程中待人接物更要始终保持热烈的感情。热情会使人感到亲切、自然，从而缩短双方的感情距离，创造出良好的交流思想、情感的环境。如果在和顾客接触的时候，沉着一张"苦瓜脸"，瞪着一双"丹凤眼"，说着那种冷冰冰的话，又表现出那种爱理不理的态度，那么顾客又如何能够喜欢你呢？又如何有兴趣听你讲下去呢？

在缺乏热情的卖场里，往往语言简单，或者讲几句话就无话可说了，或者总是找不到话题，最后让顾客感觉尴尬甚至有点不好意思。而在充满热情的卖场里，销售人员满面笑容，说出来的话能热乎到人的心里去。在这样的销售人员面前，顾客肯定都很乐意买他的东西。

北京百货大楼著名的劳动模范"一团火"张秉贵，就是善于热情接待顾客的典型。张秉贵被人称为"一团火"，就是因为他对顾客十分的热情，从他嘴里说出来的话，能够让人时刻感受到温暖。有一天中午，商店里的人不多，一位女顾客气呼呼地来到糖果柜台前，张秉贵含笑迎上去："您想买点什么糖？""不买，难道不能看看吗？"说完，这位顾客连看都不看张秉贵一眼，绷着脸从中间柜台向东头走。张秉贵也随着她向柜台东头走去，边走边想：她准是遇到了什么不顺心的事，越是这样，我越是要热情接待她。张秉贵一边走一边还是那样和颜悦色地说："最近从上海来了几种新糖果，味道还不错，您想看看吗？我给您介绍一下……"顾客被张秉贵那火一般的热情感动了。她抱歉地说："刚才我冲您发火，您没见怪吧？我那孩子不吃饭就去游泳，气得我真想揍他。您瞧，刚进大楼那阵儿，我的气没消呢！""您教育孩子是应该的，可要注意方法，不能打孩子。"这位顾客感动地说："您的服务态度真好，我无缘无故向您发火，您还这样耐心做我的思想工作……"从这以后，这位女顾客每次来百货大楼，都要到糖果柜台前来看望张秉贵。

还有一次，一位工人模样的同志来买东西，因为刚喝了酒心烦，就和一位售货员吵了起来。他带着气，又来到对面的糖果柜。这时，满面笑容的张秉贵迎了过来，主动和他打招呼。这位顾客怒气未消，一连让张秉贵称了三种糖果，每种都是只要一两。张秉贵非常麻利地给他称了糖，包装好，又告诉他这三种哪种好吃。这位顾客被感动了，脸上露出歉意。从那以后，他常来买糖，他说："我来看张师傅，是因为他对顾客太好了。在他那儿买东西，心里总觉得很舒坦、很高兴，回到家里也总是忘不了。"张秉贵心中装着"一团火"，他用这团火，温暖着别人，也照亮了别人。

一般比较热情的人总是笑口常开、说话好听、乐于助人，是一个对你满脸微笑的人，一个对你说话好听的人，一个在你有困难时给予你帮助的人。这样的人你是否愿意和他打交道呢？这其实就说明了热情可以赢得顾客的好感和认可，也说明了"没有热情就没有销售"的道理。

由此可见，一名销售人员在面对客户时一定要充满热情，用自己充满热情的话语去感染客户。只有这样，才能够打动客户。那么，怎样才能增强热情呢？

首先，销售时要充满热情。要将自己内心的感觉表现到外面来，让我们把侧重点放在促使人们谈论他们最感兴趣的事情上。如果我们做到这一点，说话的人就会像呼吸一样不自觉地表现出生机。

其次，对于自己销售的产品要充满激情。激情是有感染力的，当你对自己的产品充满激情的时候，就会感染自己的客户。试想一下，客户为什么要购买连销售人员都没有一点兴趣的商品呢？所以，自己首先一定要对自己销售的产品充满激情。

第三，需要把握尺寸，不能过分热情，过分会使人觉得虚情假意，而有所戒备，无形中就筑起了一道心理上的防线。我们中国有一句话叫"只有划着的火柴才能点燃蜡烛"，火柴就是热情，蜡烛就是我们的顾客。当我们自己散发出光和热的时候，当我们自己充满热情的时候，我们的热情就会感染冷冰冰的蜡烛，从而让蜡烛也燃烧起来。

谈判时的说话技巧

《晏子春秋》有语："不出于樽俎之间，而折冲于千里之外。"这句话的意思是，在酒席宴会中凭外交才华制胜对方。由此可见谈判的重要性。

在一次交易会上，一家公司与一个外商洽谈产品出口业务。这家公司的谈判代表沉着老练，采用后发制人策略，不急于兜售自己的产品。而外商采取虚虚实实的招数来摸他们的底细，罗列过时的行情，故意压低购货价格。这家公司经过调查，了解到国外有一家生产同样产品的厂家由于发生事故停产了，又了解到该产品可能有新用途。在这种情况下，他们中盘开战，采取攻势，主动出击，明确告诉对方：①自己的货源也已经不多了；②这种商品国外订购量很大；③有意无意之间把国外那家生产大厂发生了事故，资源短缺的消息透露了出去。这家外商很吃惊，但却仍然故作镇静，一再要求这家公司降低价格，并以减少供货量相要挟。由于情报确凿，这家公司的谈判人员料定这是对方的虚假之态，因此泰然处之，丝毫不为所动。后来又经过两三个回合的交锋，对方终于就范，接受了这家公司提出的价格，购买了较大数量的该种产品，并且还将此种商品的新用途告知了这家公司。

谈判的最终目的是要达成双赢方案。然而，在现实生活中，一个要榨橘子汁，而另一个要用橘子皮烤蛋糕的情况毕竟太少见了。你坐在一个买家面前，你们心中都抱着同样的目的。这儿没有魔术般的双赢解决方案，一方想要的是最低价，而另一方想要的是最高价。实际上，正是这种技巧决定了一个人能否成为销售的谈判高手。

这家公司之所以能够取得谈判的胜利，就是因为他们掌握了高超的谈判技巧的缘故。

那么在谈判时都要注意使用哪些技巧才能够征服对方呢？不妨试一试以下的几种方法。

一、制定灵活的谈判策略

谈判时的策略一定要灵活。只有策略对头，技巧才能够充分发挥作用。具体来说，是速战速决好，还是拭目以待好，这都要根据情况而定。是先发制人，先提出一个方案来察看对方动静好呢？还是后发制人，先请对方提出意见，然后我方据情况提意见好呢？这也需要据情况而定。

经常用到的策略主要有以下几种：避实就虚，就是根据对方薄弱环节做文章，消其势、杀其价，使自己处于有利地位；以迂为直，谈判中就某个方面，适当地吃点亏，以此去获得更多胜利；有进有退，就是通过讨价还价，必要时在某些方面让步，而另一方面却提出新的要求，等等。

二、不妨投石问路

谈判时，为了能够获得对方的情报，可以主动抛出一些带有挑衅性的话题刺激对方表态。然后，再根据对方的反应，判断其虚实。比如，甲方向乙方订购货物，提出了几种不同的交易品种，并询问这些品种各自的价格。乙方一时搞不清楚对方的真实意图。甲这样问，既像是打听行情，又像是在谈交易条件；既像是个大买主，又不敢肯定。面对甲的期待，乙心里很矛盾，如果据实回答，万一对方果真是来摸自己的底，那自己岂不被动？但是自己如果敷衍应付，有可能会错过一笔好的买卖，说不定对方还可能是位可以长期合作的伙伴呢。这时乙就可以刺激一下对方，可以对甲说："我是货真价实，就怕你一味贪图便宜。我们知道，商界中奉行着这样的准则：一分钱一分货，便宜无好货……"乙的回答，暗含着对甲的挑衅意味。除此之外，这个回答的妙处还在于，只要甲一接话，乙就会很容易地把握甲的实力情况。如果甲在乎货的质量，就不怕出高价，回答时的口气也就大；如果甲在乎货源的紧俏，就急于成交，口气也就显得较为迫切。在此基础上，乙就会很容易确定出自己的方案和策略了。

三、绕圈子搞清对方的情况

有些情况对方不会直接告诉自己。这时就要通过绕圈子，巧妙探得对方的底牌。在主客场谈判中，有些谈判高手为了探得对方的时限，就极力表现出自己的热情好客，除了将对方的生活安排得十分周到外，还盛情地邀请客人游山玩水，等到对方放松了警惕之后，往往会在客人感到十分惬意之时，就会有人提出帮你订购返程机票或车船票。这时，客方往往会随口就将自己的返程日期告诉对方，在不知不觉中落入了对方的圈套里。这样，在正式的谈判中，就会使自己受制于对方。

四、故意出错诱敌深入

有时候为了能够让对手和自己达成协议，可以通过诱敌深入的方法，而其中最有效的就是故意出错了。探测方可以有意通过犯一些错误，比如念错字、用错词语，或把价格报错等种种示错的方法诱导对方表态，然后再借题发挥，最后达到目。如在某时装区，当某一位顾客在摊前驻足，并对某件商品多看上几眼时，早已将这一切看在眼里的摊主就会前来搭话说："看得出你是诚心来买的，这件衣服很合你的意，是不是？"察觉到顾客无任何反对意见时，他又会继续说："这衣服标价300，对你优惠，280要不要？"如果对方没有表态，他可能又说："看你很有诚心，我也想开个张，保本卖给你，260怎么样？"如果此时顾客犹豫不决，摊主就接着说："好啦，你不要对别人说，我就以280卖给你。"早已留心的顾客往往会迫不及待地说："你刚才不是说卖260吗？怎么说变就变了呢？"此时，摊主装作糊涂的样子说："是吗？我刚才说了这个价吗？啊，这价我可没什么赚啦。"然后故作心痛地说："好吧，就算是我错了，不过人总得讲个信用，除了你以外，不会再有这个价了。你也不要告诉别人，260，你拿去好了！"话说到此，绝大多数顾客都会成交。这里，摊主假装口误将价涨了上去，诱使顾客作出反应，巧妙地探测并验证了顾客的购买需求，收到引蛇出洞的效果。在此之后，摊主再将降下来的价让出去，就会很容易地促成交易。谈判要交流信息，但是又要讲究一定的方法，要准确地表达自己的观点与见解，还要想办法摸清对方的底线。所以，一定要注意使用一些技巧。通过适当的语言投石问路，探寻对方的想法和目的。

与孩子沟通，不要说的话

很多父母感觉到与孩子存在沟通困难，说的话孩子不听，总是跟自己作对等。

一、你知道孩子喜欢什么吗

在教育的管理过程中，教育者和被教育者之间一直玩着猫和老鼠的游戏。威严的、具有绝对控制力量的猫总以为弱小的、处于劣势的小老鼠会听命于自己、按自己的意愿行事。但其实不然，事实是大猫经常在小老鼠面前束手无策。

二、孩子为什么喜欢动画片和电子游戏

猫和老鼠的动画片颠覆了现实世界中猫和老鼠（暗示大人与小孩）的关系。电子游戏提供了心理满足（虽然是虚拟世界），包括：控制感（我是老大，控制一切事物）、成就感（功力不断提升、财物不断增加）、归属感（被网友接纳、承认，因共同的爱好而成为未谋面的朋友）。游戏者在虚拟世界中能变得自信、轻松、愉快、满足。

三、如何与孩子交流

（一）坐下来或蹲下来。

（二）至少先认真听。

（三）寻找共同的话题。

（四）相对的尊重与平等，接纳其合理要求。

（五）相对合理的控制，给予独立的空间。

（六）确立合理的期望。

（七）父母最不该对孩子说的10句话。

一家三口的生活总是在你、我、他之间的喜爱与冲

突之中延续下去。作为儿女的你，看看这些文字，是否觉得耳熟能详？作为父母的您，看看这些文字，是否似曾脱口而出？

1."我们是不行了。孩子，就看你的了！"

说这话的父母，是把孩子的发展当成自己唯一的指望，是一种丧失自我的表现。这样的家长往往自己得过且过，患得患失。自我丧失感虽然是为人父母的共性，但它并不是一种健康的心理。有人说这样的话，是想断绝孩子的后路。不断催逼孩子，但结果是最后只会落得吃力不讨好。

教育不只是教知识与技能，更重要的是教积极的生活态度。教育的形式不只是说教，更重要的是言行举止，在潜移默化中实现教育。

类似的不能说的话有以下几种。

①"孩子，我们全靠你了，你可要争气啊！"

②"你是我们全家唯一的希望！"

正确表达对孩子的期望。

①"孩子，每个人都应该努力地实现自己的愿望！"

②"孩子，我们相信你是不会自我放弃的！"

2."没时间管你，我要挣钱过日子！"

有人言："没有时间就意味着没有时间做人。"教育孩子不只是通过上课、打电话教育，传递一个眼神也可以教育，和孩子相处的时候更是好的教育契机。教育的效果不由时间长短决定，关键要看家长用不用心教育，会不会教育。说没时间教育孩子的家长，就算有了时间也教育不好孩子。

类似的话有以下几种。

①"我也想管孩子，可实在抽不出时间！"

②"叫你表姐去开家长会吧，我没时间！"

其背后透露的信息是放弃管理孩子的愿望和权利。父母上述语言中也暗含一层希望，那就是希望孩子自己管理好自己，所以可以用另外的话表达自己的目的。

①"孩子，我最近很忙，但你如果有事情，我还是可以抽时间听你讲！"

②"孩子，我相信你能管好自己！"

3."宝宝，爸爸不听话，打他！"

经常见到一些父母把孩子当玩具或者宠物，为了好玩开这样或那样的玩笑。要知道孩子小时候是不辨是非的，什么样的行为得到鼓励和刺激，什么样的行为就得到强化。父母不应该随便利用孩子开玩笑，在这些无聊的玩笑中，孩子会养成不良的习惯，滋生不良的价值取向。

与此相关，夫妻的打情骂俏或严重的冲突吵闹最好避开孩子。在人的一生中，对我们影响最大的是家庭环境，其次是学校与同伴，再次才是社会生活。虽然人的成长不全由环境决定，但环境确实对人的成长产生相当强烈的影响。父母是我们每个人第一个学习与模仿的对象。

类似的话还有以下几种。

①"宝宝都会骂人了！好厉害！"

②"他打你，你没长手哇！"

③"他抢你的东西，你为什么不去抢回来！"

4."进了前三名，妈妈给你买……"

物质奖励看似是一种增强孩子动力的措施，其实弊大于利。孩子学习不是为家长，如果他考砸了你惩罚他，考好了奖励他，他会误以为并慢慢真以为学习是为家长。这样一来，奖励就破坏了孩子对追求知识目的的正常理解。如果有一天，或者有的孩子不把物质奖励当作一种动力，那么他还如何学习？而且，这种教育方式助长了孩子的功利心，容易把孩子引向灰色地带。行为动机有内在与外在之分，其对行为的维持时间存在着明显的差别。

类似的话有以下几种。

①"考了100分，爸爸带你去……"

②"考得这么差，看我不收拾你！"

恰当的表达有以下几种。

①"考得不错嘛，看来你真的对这件事情感兴趣！"

②"考差了，要努力！现在我们一起分析一下原因，好吧？"

5."没有原因，我说不行就不行！"

典型的暴君式教育方式，源于家长头脑中的"棍棒底下出孝子"的传统观念。这不仅会导致亲子之间的对立和冲突，更会破坏孩子的公正心，妨碍孩子的民主意识、协作能力的发展，甚至还会助长孩子滋生暴力倾向。

按照社会学习理论，大人是孩子成长过程中最集中的模仿榜样。这样说与做的心理根源：是想以简单粗暴的方式维持家长的权威，而不是以知识、理性的方式获得权威认同。

类似的表达有以下几种。

① "还敢顶嘴，反了你了！"

② "住嘴，你怎么这么不听话？"

③ "屁眼痒痒了是不是？"

如果不同意孩子的某个选择，应说明理由，且做到前后一致、各位家长一致。

6. "你爱怎样就怎样吧，谁管得了你啊？"

一般父母这样说的时候，并非孩子完全不服管，可能只是不小心旧错重犯，这样说会让孩子很委屈。这种方法用前两次会让孩子很愧疚，但是用多了就会引起孩子的逆反心理，索性将错就错。

父母这样说，表明的是放弃对孩子的要求与希望的态度，接着孩子也会学着自我放弃。时间一长，那时你就是想管也没有沟通渠道了。

类似的表达有以下几种。

① "甭问我，我懒得管你！"

② "你怎么样跟我没关系！"

7. "孩子是我的，我想怎样就怎样！"

因为孩子是自己养的，所以就把孩子看成是自己的私人财产，把自己的愿望强加于孩子，任由自己的情绪随意发泄到孩子身上，无视孩子的个人意愿。

类似的话有以下几种。

① "孩子是我的，你管不着！"

② "早知道你这么不听话，当初生下来就该捏死你。"

8. "你怎么这么笨？"

抱怨和指责会让事情变得更糟！孩子自己也不情愿表现得那么差，肯定自己心里都很自责。作为父母，千万不要往孩子的伤口上撒盐，更不能当着别人面说自己的孩子很笨。父母气急败坏地责骂孩子，会让孩子无地自容、妄自菲薄、不知所措，增加逃避心理。这种言语会毁灭孩子的自信心，也让孩子的心理素质形成恶性循环。

　　类似的话有以下几种。

　　①"废物，猪头！"

　　②"你怎么一点出息也不长？"

　　9."如果爸妈离婚，你要爸还是要妈？"

　　注意！

　　一是，为了孩子而长期冷战未必就真对孩子好；

　　二是，如果离婚，千万不要将孩子作为对付对方的武器。

　　类似的话有以下几种。

　　"你觉得妈妈好还是爸爸好？"

　　10."你看看人家XXX！"

　　或许这是家长们最爱、最常说的一句话了，但又恰恰是孩子们最讨厌的一句话。这种比较对孩子价值观的确立是一种极大的干扰，对于孩子的自我评价系统也是一种破坏。

　　这句话的危害：它破坏孩子的心理平衡，不利于孩子内心成长，更容易让孩子失去应有的信心。

　　对于家长来说，常把这句话放嘴边，表明他们的眼睛总是盯在别人孩子的身上。人家进步了就着急，人家退步了就窃喜。人家学什么就让自己的孩子也学，丝毫不顾自家孩子是否对其感兴趣。

注意！

人天生就有差别，各有长处，也各有短处！

人要比较才有动力，但滥比较会失去动力！盲目地攀比不但会造成精力和时间的浪费，也造成了孩子对父母的心理抵触，得不偿失。

教育最重要的是激发其内心的兴趣，而不是盯着别人的长处，充满嫉妒。

类似的话有以下几种。

①"你怎么就不如别人的孩子呢？"

②"有点出息好不好？"

请问：孩子有没有将自己的父母与别人的父母进行比较呢？其结论又是怎样的呢？

夫妻沟通，杜绝"潜台词"

是什么消耗了我们婚姻、爱情中的激情，让我们的婚姻不再温暖。

"谈恋爱时只看见对方的优点，一结婚眼里全剩缺点了，肚脐眼都能看成疤。"

——电视剧《婚姻保卫战》

在这里我们通过夫妻吵架来看夫妻沟通。

一、夫妻吵架的常见模式

我有位朋友向来很有学者的研究精神，有一天他忽然认真地研究起他是否值得与太太吵架的问题。于是，将近来两人吵架时的对话都偷偷地录了音，记录下来，然后一一分析原因，结果有了惊人的发现。

他们夫妻最常吵的一件事，在于他因公事晚回家，太太等他吃饭。先把通常两人会进行的对话记下，再把可以代替的"比较好听的话"列在括号中。

妻："怎么这么晚回来？我都快饿死了。"

（你加班一定很辛苦，我很舍不得，所以才等你吃饭的。）

夫："我已经叫你不要等了啊！你可以先吃嘛，干吗等我？"

（我一个人辛苦就好了，不用连累你嘛。以后你先吃，好不好？）

然后，两人都上了火。

妻："我为了你辛辛苦苦地做饭，你还给我脸色看？"

（我想好好体贴你，做好吃的给你，请你明白我的心意。）

夫："是你先给我脸色看的。"

（我上班好累，好希望回到家你能给我安慰。）

妻："你干吗一下班就找我麻烦？"

（我想听你说一句好听的话，好吗？）

夫："是谁找麻烦？"

（我也想听你说一句好话呀。）

当晚，两人都噤声不语，互不给好脸色看。其实，两个人心中各有独白。

夫："唉，回家真令人难过。"

妻："我做牛做马你都不知感激，没良心的人！"

在这段夫妻对话中，我们先看括号外的内容就会发现，这样的对话会经常出现在关系不好的夫妻生活中。我们再看括号中的语言，那才是我们心中真实的表达。又是什么影响了夫妻沟通呢？

其实是因为两个人都没有把话说好，用了负面的语句来表达自己的好意，才把双方情绪越撩拨越糟糕。

二、夫妻关系的交往艺术

"交往分析"是美国人伯思于1957年首先提出来的。交往分析认为，一个人的意识或自我由三部分构成，儿童意识、父母意识、成人意识。只有以成人意识相互交往以及整合了儿童意识、父母意识中积极部分的交往，才是健康的夫妻交往。

他们的特点有以下几种。

案例一

夫："今天晚饭你打算吃什么？"

妻："我想去吃一次肯德基，你不是也说过想尝尝它的味道吗？"

这是一次以成人意识对成人意识的交往。丈夫的话是探索性的，也体现了对妻子意见和喜好的尊重。妻子的回答把丈夫的愿望和自己的意图统一了起来，既坦率地表达了自己的观点，也表达了对丈夫的体贴，丈夫过去说过的话妻子是记在心上的。这种交往是成功的，它对促进双方良好的关系起到积极作用。

案例二

夫："唉哟，我又头痛了，真难受……"

妻："你也许是太紧张太累了，快躺下休息吧。我去拿点止痛药片给你吃。喝杯热茶也许会好一些，我这就去给你沏杯茶。亲爱的，别难过，一会儿会好起来的。"

显然，丈夫是以儿童意识对待妻子，要求得到母亲式的关怀和照顾。妻子以父母意识对待丈夫的儿童意识，正好满足了"儿童"的需要，双方都满足了心理上的需要。很多良好的夫妻关系都采取了这样的交往方式。

有些夫妻几乎无论大小事情都容易引起争吵，每对话一次（每一次交往）便争吵一次。

因为双方都以父母意识对待对方，把对方看作儿童，互相指责，都不服气，彼此总是话不投机。这种交往是不成功的。

如果调整为以成人的意识互相尊重对方，以父母的意识包容对方的失误，以儿童的意识相互不计前嫌，就能平等解决双方之间存在的分歧和矛盾。

有些夫妻感情好，只不过是双方都以儿童意识对儿童意识，一起游戏，吃喝玩乐。除此之外，他们很少以成人意识相互交往，缺乏互相尊重和深层次的思想交流。这种儿童式的交往不可能使人上升到高层次的精神生活中去。过了中年以后，夫妻的感情有可能冷淡下去，代之以儿童意识的分歧和争吵日益加剧，除非他们改变交往方式。

伯恩认为：夫妻若能运用交往分析的概念和方法，往往很容易发现夫妻两人是用儿童意识或父母意识与对方交往，还是以成人意识与对方交往。这样，夫妻双方就可以帮助自己寻找出问题的所在，抓住问题的关键及时加以调整。

恋爱中的说话技巧

两情相悦、两情相依，谁都渴望拥有。不过有情无情、缘深缘浅，这就要看个人的造化了。而造化，关键就在嘴上。恋爱都是靠嘴谈出来的，有好的口才是恋爱成功的保证。尤其是男女双方在刚刚踏入爱河时，由于彼此之间不熟悉，所以，说话时一定要注意技巧。

两个人的感情发展到一定程度，就应该抓住时机，向你的心上人表达爱意。恋人为了避免直露的生硬，常常巧妙地用智慧的语言，使得求爱的方式新颖别致。

在一次约会中，马克思显得满脸愁云，他说："燕妮，我已经爱上了一个姑娘，决定向她表白，不知她同意不同意。"燕妮一直暗恋着马克思，此时不禁大吃一惊："你真的爱她吗？""是的，我爱她，我们相识已经很久了。"马克思接着说："她是我碰到的姑娘中最好的一个，我将从心底里爱她！这里还有她的照片，你愿意看吗？"说着递给燕妮一个精致的小木匣。燕妮接过木匣，用颤抖的手打开后立刻惊呆了——原来里面放着一面镜子，"照片"就是她自己！即刻，一股热流涌上心头，沉浸在幸福和甜蜜之中的燕妮猛扑向马克思的怀抱。

这样，马克思既做了聪明的试探——制造紧张气氛，让深爱着他的燕妮在惊讶中误以为他另有所爱，在这过程中他察觉到燕妮痛楚、失落的表情，又及时诱导她揭开悬念，原来匣子中的照片就是自己。马克思明确地表达了爱意。事后，这位最富有牺牲精神的夫人每当回忆起这件事时，都会产生甜美的情思。在恋爱时，如果你的爱人的文化素质与领悟能力比较强，可以不显山、不露水，把你的情感若隐若现地包蕴在彼此的谈话中，使他（她）有曲径通幽之感，倍觉爱情的神秘与甜蜜，很有意境。

有一位小伙子在厂里的劳动技能比赛中获得了第一名，得到一台微波炉。他把这个消息告诉自己爱的人时，说："我今天得到了一台微波炉，是劳动技能大赛第一名的奖品！"姑娘也很高兴地说："那我祝贺你！""这样庆贺太没劲了，咱们搞个家宴，怎么样？"小伙子提议。"可以呀！"姑娘说。"可是我不会做菜，怎么办？"小伙子显得为难起来。"我可以试试呀！"姑娘毛遂自荐。"那敢情好，我如果能经常吃到你做的菜，那该多好啊！""只要你不嫌我做得蹩脚，我答应你就是了！"

小伙子用奖品做话题，以做饭为主线，绕了一个大圈子，终于巧妙地将彼此的谈话导入表情达意的"正常轨道"，在不经意之间就敲定了一桩婚姻。当然了，如果两个人彼此对于自己的感情很有自信的话，那就可以直抒胸臆，大胆而毫无保留地向对方倾吐自己的感情，这样做显得简明、直率、不虚伪造作。一般而言，对性情直率，表达思想感情喜欢开门见山的人宜采用此法。显然对于交往比较深，有一定的感情基础，或者两人已经暗地里互相倾慕，只需"捅破那层纸"的双方来说，直抒胸臆表达爱情很省力，也别有一番情趣。

列宁在向克鲁普斯卡娅求爱时，就直截了当地对她说："请你做我的妻子吧！"而一直爱慕列宁的克鲁普斯卡娅也回答得很干脆："有什么办法呢，那就做你的妻子吧！"列宁的表达言简意明、感情真挚，给人难以拒绝的力量。同时，也让克鲁普斯卡娅清清楚楚地看到一个忠诚的心灵，从而很容易使双方激起爱的涟漪。

当然，女孩子的脸皮都比较薄，在直抒胸臆的时候，也可以稍微婉转一点。1920年，在巴黎的一次舞会上，上尉戴高乐邀请旺杜洛小姐跳舞。在跳舞时，戴高乐对旺杜洛小姐说："有幸认识你，小姐，我非常荣幸，是一种莫名其妙的荣幸……"这番话让旺杜洛小姐心扉大开，她激动地说："不是吧，上尉先生，我不知道还有比你的话更动听的语言，比此刻更美丽的时光……"他们一边跳着舞一边倾诉着，当跳完第六支舞曲时，已经山盟海誓，定下终身了。

在和恋人谈话的时候，要注意以下几点。

一、甜言蜜语最让人倾心

爱情是甜蜜的，甜蜜的爱情是需要用甜言蜜语表达出来的。为什么有那么多的女孩子都喜欢嘴巴甜的男孩子，就是因为她们喜欢听这些男孩子的甜言蜜语，所以两人在一起的时候，要多说一些甜言蜜语，这样就能够拴住女孩子的心。

二、要把话说到女孩子的心坎里

"女人的心，天上的云。"确实，女人的心变化多，让人琢磨不透，使大多数男性追求者无从下手、错失良机或半途而废、功亏一篑。恋爱中的人，应该多懂一点心理学，运用高超的说话技巧，抓住爱人的心。小说《人到中年》中有一个这样的场景：傅家杰问陆文婷："你喜欢诗吗？""我？我不懂诗，也很少念诗。"陆文婷有点不高兴了，"我是做眼科手术的，一针一线都严格得很，不能够有半点儿的幻想。""不，你的工作就是一首最美的诗。"傅家杰大胆地对她说："你使千千万万的人重见光明。"傅家杰巧妙地赞美了陆文婷，把话一下子说到了陆文婷的心坎里，沟通了两个人的感情，获得了姑娘的芳心。

三、态度要亲切

与爱人初次见面，在相交还不是太深入时，要想消除彼此的陌生感，拉近彼此的距离，就必须表现出你的友好和随和，使对方乐意接近你，对你产生好感。恋爱是甜蜜的，如果能够用甜言蜜语为恋爱增加一点幸福，那就再好也不过了。所以，在恋爱的时候，要注意自己说话的技巧，这样能够使双方变得更加幸福。

第三章 如何提升沟通的效果

全世界最难学的是讲话，人的一生，出钱是初品功德，出力是中品功德，好话是上品功德。

说话的智慧

智慧的力量是无穷的，它会让我们知道所应该知道的一切，也能指引我们做正确的事，更会带给我们所有想要的东西。会讲话，是需要有智慧的，要知道对方需要什么，想听什么，怎样讲他听了会很舒服。

全世界最难学的是讲话，人的一生，出钱是初品功德，出力是中品功德，好话是上品功德。

人的一生，会因为一个环境，一个人，一件事，包括听到一句话就改变自己的一生。

讲话五原则。

（一）口齿清晰。

口齿清晰并不代表发音标准，是不含糊，讲话非常有次序。

（二）声调柔和。

声调柔和，没有标准，柔和的声调不需要用力来听，不需要回避来听。

（三）内容正确。

讲得正确别人不一定听得正确，要讲清楚，让人听明白还要做得来，是表达明确最好的写照。

（四）明朗幽默。

幽默的定义必须是有趣及让人会心一笑，必须是意味深长。幽默是最难的，它不等于笑话，可是幽默会让你听了会心一笑，还带有教育的效果。

（五）适可而止。

要懂得察言观色，要因环境，因人而异。

一、言简意赅，别人才会喜欢你

据史书上记载，子禽问自己的老师墨子："老师，一个人说多了话有没有好处？"墨子回答说："话说多了有什么好处呢？比如池塘里的青蛙整天整天地叫，弄得口干舌燥，却从来没有人注意它。但是雄鸡，只在天亮时叫两三声，大家听到鸡啼知道天就要亮了，于是都注意它，所以话要说在有用的地方。"墨子的话和古语"言不在多，达意则灵"一样，说的都是讲话要少而精的道理。我们要追求的是用最凝练的话语来表达尽可能丰富的意思。

从前有个客商新开一家酒店，为了招揽顾客，特备厚礼请几个秀才为他写一块招牌。甲秀才大笔一挥写下了"此处有好酒出售"七个大字。众秀才议论纷纷，乙秀才说："'此处'二字太啰唆。"丙秀才说："'有'字也属多余。"丁秀才认为，酒好酒坏顾客自有评价，"好"字应当删去。这时甲秀才带着几分怒气认真地说："如此说来还是干脆只留个'酒'字算了。"众秀才频频点头赞许，大家也欣然接受。

其实说话也如此，有时需要简练，惜言如金，有时需要详述，用语如泼。说话是否精彩不在于长短，而在于是否抓住了关键，是否说到了点子上，是否能打动听众。听众最喜欢的是有啥说啥、直来直去。对于那些空话、套话，他们不但不愿听，甚至觉得是受精神折磨，是浪费时间。

《红楼梦》里有一回，凤姐让小丫头小红给平儿传话。小红从平儿处回来时，她把四五件事压缩在一小段话中回禀凤姐："我们奶奶问这里奶奶好。我们二爷没在家。虽然迟了两天，只管请奶奶放心。等五奶奶好些，我们奶奶还会让五奶奶来瞧奶奶呢。五奶奶前儿打发了人来说舅奶奶带了信，问奶奶。"局外人李纨听了自然不懂，追问是什么意思。凤姐却赞赏道："这是四五门子的话呢。"她表扬小红能把"四五门子的话"用几句话表达出来。于是，凤姐当即决定，把小红要到自己这里。也可以说，小红简洁、准确的话语，赢得了凤姐的信任。简洁能使人愉快，使人喜欢，使人易于接受。说话冗长累赘，会使人茫然，使人厌烦，而你则会达不到目的。简洁明了的语言，一定会使你事半功倍。凤姐赞赏小红说话简洁、明确的同时，也指出了话语冗繁往往意味着办事拖泥带水。人们交流思想、介绍情况、陈述观点的时候，为了能够使对方更快地了解自己的说话意图，领会要领，往往是用高度凝练的语言。

言简意赅，别人才会喜欢你。但是，应该注意的是，说话简洁绝非"苟简"，为简而简，以简代精。简洁要从实际效果出发，简得适当，恰到好处。否则，硬是掐头去尾，只能捉襟见肘，挂一漏万，得不偿失。应该承认，任何事物都具有两重性，简短的语言有时很难将相当复杂的思想感情十分清晰地表达出来。与人交往，过简的语言则有碍于相互间的了解，有碍心灵的沟通。同时，简短也是相对的，不是绝对的。邹韬奋先生在公祭鲁迅先生的大会上只讲了一句话，短得无法再短，而恩格斯在马克思墓前的演说长达15分钟，却也是世界公认的短小精悍的演讲。总之，简短应以精当为前提，该繁则繁，能简则简。那我们应该怎样才能够做到言简意赅呢？要做到以下几点。

第一，重要的是要培养自己分析问题的能力。

要学会透过事物的表面现象，把握事物的本质特征，并善于综合概括。在这个基础上形成的交流语言，才能准确、精辟，有力度，有魅力。

第二，同时还应尽可能多地掌握一些词汇。

福楼拜曾告诫人们："任何事物都只有一个名词来称呼，只有一个动词标志它的动作，只有一个形容词来形容它。"如果讲话者词汇贫乏，说话时即使搜肠刮肚，也绝不会有精彩的谈吐。

第三，"删繁就简"也是培养说话简洁明快的一种有效方法。

说话要简练，最好把复杂的话能够简单地说出来。这样才会明白易懂，使大家都爱听。人们最讨厌废话连篇，半天说不到点子上的人。言简意赅，不说废话，这样才显得说话的人干练。所以，在与人交往时要注意，说话要简洁一点，这样才能够处处受到人们的欢迎。

二、对方因你喜欢他而喜欢你

运用自己人效应与人交往，可以使沟通更顺畅。

自己人效应，又叫作"亲和效应"，指的是在人际沟通过程中，人们常常会因相互之间存在某种共同或者近似之处，而感到彼此更易接近，而这种彼此接近，一般又会让交往对象萌生亲切感，并更加互相体谅。

自己人，指的是人际交往和认知过程中比较亲近的对象，大体是指那些和自己有着某些共同之处的人。这种共同之处，可以是血缘、姻缘、业缘、学缘和地缘关系，可以是兴趣、志向、利益和爱好，也可以是处于同一团体或者同一组织中。

在人际交往与认知中，人们常常存在一种倾向，也就是对自己比较亲近的对象会更乐意接近。所以，在其他条件大致相同的情况下，"自己人"之间的交往效果要比一般人的好。这是因为，在"自己人"之间的交往过程中，人们对交往对象属于"自己人"的这一认识，本身大都会形成一种肯定式的心理定式，从而对交往对象表现得更加友好。而在这种特定的情境中，人们更易发现与确认对方值得自己肯定与引起自己好感的事实。反过来，这一切又会进一步巩固并深化自己对对方原有的积极性评价。在此心理定式的作用下，"自己人"之间的相互交往和认知必定在其深度、广度、动机和效果上超过一般人之间的交往和认知。

巴顿将军在历史上并不是一位统帅级的人物，不过"铁胆将军"的大名却比其顶头上司艾森豪威尔还要高，比其上司的上司马歇尔更高。拥有如此深厚和广阔的"群众基础"，要归功于他激励士兵奋勇杀敌的本领。他的这项本领可谓超乎寻常，让人啧啧称奇。巴顿很喜欢对士兵进行公开演讲，因为他很清楚，面对面地交流是联系士兵、保持信任与激发热情最有效的手段。

当时，大大小小的战前动员演讲数不胜数，每位将领都会，可是为什么巴顿的演讲能够获得那么好的效果呢？这是因为，除使用正确的激励因素外，他还非常到位地运用了"自己人"效应。

在著名心理学专家纳吉拉什维利看来，听众对宣传者的肯定态度对提高宣传效果有着十分重要的作用。听众要是对宣传者持反感态度，就会削弱宣传效果。根据新闻传播学里的受众心理理论，人们在接受信息的过程中，倘若受众觉得传播者在很多方面和自己具有相似或者相同的地方，便会将他在心理上定位为"自己人"。

在演讲中，深谙此道的巴顿是怎样做的呢？他并未顾及身为一个将军的威严形象，也没高高在上地摆架子，而是把自己当作一名普通的士兵。这种低姿态，反而加强了士兵们对他的认同感，让士兵们在心理上感觉巴顿与自己在一起，从而激励他们不断前进。

在日常生活中，运用"自己人"效应可以使人们的沟通更加顺畅。要想让对方接受你的观点，前提是你要把对方当作自己人，让对方感觉你是在为他着想，从而让对方把你也当作自己人。此外，你还要设法套个近乎，使双方处于平等地位，缩短心理差距，让双方都处在自己人的情境之中。另外，还要强调双方的一致性，让对方感觉你是"自己人"，这样一来，你提出的建议才会更易于被对方接受。

三、赞美是人际关系的润滑剂

赞美是人际关系的润滑剂，能够帮助你快速走向成功。心理学家赫洛克曾经做过这样一个实验，他将参加实验的人分为4组，在4种不同诱因的情况下完成任务。第一组是表扬组，每次工作之后就给予表扬与鼓励；第二组是受训组，每次工作之后就严加训斥；第三组是被忽视组，不进行评价，只让他们静听其他两组受表扬与挨批评；第四组是控制组，让他们和前3组隔离，不给予评价。实验结果显示，前3组的工作成绩都比控制组优秀，表扬组与训斥组显然比忽视组优秀，而且表扬组的成绩不断上升。这个实验说明，对于工作结果及时给予评价，能够强化工作动机，对工作起到促进作用。适当表扬的效果显然比批评要好，而批评的效果要优于不给予评价。

在现实生活中，人人生来都渴望得到别人的赞赏，同样，每个人也都惧怕责难。成功学大师拿破仑·希尔曾说："人类内心最渴望的就是被他人欣赏，所以我们要多夸奖他人。"在这个世界上，无论是富人、穷人、小偷还是警察，只要他们听见他人赞美自己的某个优点，他就肯定会尽全力去维护自己的这份美誉，生怕辜负了他人的期望。

在日常生活中，面对讨厌的人与事，责备与批评只会增加对方的怨恨与不满。要想改善这种状况，你不妨尝试赞美他人，也许会产生奇妙的效果。

马克·吐温说过："听到一句称赞，能使人陶醉两个月。"每个人都渴望得到他人的赞美，因为每个人内心都希望自己的努力被别人看到，自己取得的成绩被别人认可。

赞美是人际关系的润滑剂，是一种非常有效的激励手段。赞美不但能够让人感到振奋，而且使人感觉被肯定。然而大多数人都不是赞美高手，他们仅知赞美的重要，却不谙赞美的方法。让我们学会赞美吧！因为赞美是成功的砝码，赞美声中隐藏着许多你难以察觉的成功机会。

四、找到和对方有"共鸣"的话题

现在科技发达了，大家都听MP3、MP4，不过相信大家一定都听过收音机，收音机都是有频段的，只有拨到那个频段才会收到信息。你要听新闻，有新闻的频段；你要听音乐，有专门的音乐频段。你只有找到专门的频段，才能够听到你想要听的。

其实，在和大家交流时也是一样，每一个人也有相应的频段，只有进入了他认可或者说喜好的那个频段，进入他的范围，你才能够和他"来电"，我们和他们沟通、交流的时候，才会非常流畅或顺畅。那么，怎样才能够进入自己谈话对象的轨道或者频段呢？要想进入谈话对象的轨道或者频段，关键是要和对方"同步"。什么是同步？就是要和对方能够达到一种"共鸣"。你所说的话，对方乐意听、愿意听、这就是一种"共鸣"。

大家都知道，找对象的时候，首先要求的第一条就是要有共同语言，如果没有共同语言，两个人在一块儿多别扭呀！和人交往的时候，同样是这个道理。在和人交流时，你得找到对方感兴趣的话题，和对方发生共鸣，这样和对方的交谈才能够愉快进行。如果话题选择得好，可使人有一见如故、相见恨晚之感；处理得不好，便会导致四目相对、局促无言。

不久前，老张出差住在一家旅店，一个先他入住的人悠闲地躺在床上欣赏电视节目。老张放下旅行包，稍稍洗了一下，冲了一杯浓茶，对那位先他而来的人说：

"师傅来了多久啦？"

"没多大一会儿呢。"

"听口音是北京人吧？"

"噢，保定的！"

"啊，保定是个好地方啊！我在读小学时就在《平原枪声》的连环画上知道了。三年前去了一趟保定，还特意到白洋淀玩了一次呢。白洋淀雁翔队的故事我可喜欢看了！"

听了这话，那位保定的客人马上来了兴趣，两人从白洋淀和雁翔队谈开了，那亲热劲儿，不知底细的人恐怕会以为他们是一道来的呢。他们从相识、交谈到最终的熟悉，就在于彼此间找到了"白洋淀""雁翔队"这些双方的共同点。

寻找共同话题的最大困难就在于不了解对方，因此同他人交谈首先要解决的问题便是尽快熟悉对方，消除陌生。你可以设法在短时间里，通过敏锐的观察初步地了解他：他的发型，他的服饰，他的领带，他的烟盒、打火机，他随身带的提包，他说话时的声调及他的眼神，等等。这些都可以给你提供了解他的线索。如果他是屋子的主人，了解他便会有更多的依据：墙上挂的画，橱子里放的摆设，台板下的照片，书橱里的书，等等。这一切都会自然地向你袒露关于主人的情趣、爱好和修养的信息。

如果你事先就知道将要同一个陌生者见面，则在见面之前通过别人打听一下这位陌生者的情况，这对于就要开始的交谈是十分有利的。

有一位业务员去一家公司销售电脑的时候，偶然看到这位公司老总的书架上放着几本金融投资方面的书。这名业务员刚好对于金融投资比较感兴趣，所以就和这位老总聊起了投资的话题。结果两个人聊得热火朝天，从股票聊到外汇，从保险聊到期货，聊人民币的增值，聊最佳的投资模式。结果，聊得都忘记了时间，直到中午的时候，这位老总才突然想起来，问这名业务员："你销售的那个产品怎么样？"这名业务员立即抓住机会给他做了介绍。老总听完之后就说："好的，没问题，咱们就签合同吧！"你看，和对方找到共同话题达到"共鸣"，让你也轻松，他也高兴，可以说是皆大欢喜。

要想和对方有"共鸣"，关键是找话题。

有人说，交谈中要学会没话找话的本领。所谓"找话"就是"找话题"。写文章，有了好题目，往往会文思如泉涌，一挥而就。交谈，有了好话题，就能使谈话自如。好话题的标准是：至少有一方熟悉，能谈；大家感兴趣，爱谈；有展开的余地，能探讨，好谈。

那么，怎么找到话题呢？要从如下几个方面着手。

（一）要选择众人关心的事件为话题，把话题对准大家的兴奋中心。这类话题是大家想谈、爱谈、又能谈的，人人有话，自然就能说个不停了，以至引起许多人的议论和发言，导致"语花"飞溅。

（二）巧妙地借用彼时、彼地、彼人的某些材料为题，借此引发交谈。有人善于借助对方的姓名、籍贯、年龄、服饰、居室等，即兴引出话题，常常取得较好的效果。灵活自然，就地取材，其关键是要思维敏捷，能达到由此及彼的联想。

（三）先提一些"投石"式的问题，在略有了解后再有目的地交谈，便能谈得更为自如。如在火车上见到陌生的邻座，便可先"投石"询问："老兄是哪里人呀？"这就有了和对方"共鸣"的机会。

（四）问陌生人的兴趣，循趣发问，能顺利地进入话题。如对方喜爱扑克，便可以此为话题，谈打扑克的情趣。如果你对扑克略通一二，那肯定谈得投机；如你对扑克不太了解，那也正是个学习的机会，可静心倾听，适时提问。

（五）在缩短距离上下功夫，力求在短时间内了解得多些，缩短彼此的距离，在感情上融洽起来。孔子说："道不同，不相为谋。"志同道合才能谈得来，才能够发生"共鸣"。要想谈得投机，就要在"故"字上面做文章，变"生"为"故"。交谈要有味道，要谈得投机，谈得其乐融融，双方就要有一个共同感兴趣的话题，要能够引起双方的"共鸣"。只有双方有了"共鸣"，才能够沟通得深入、愉快。其实只要双方留意，就不难发现彼此对某一问题有相同的观点，在某一方面有共同的爱好和兴趣，有某一类大家都关心的事情。

五、时机未到时保持沉默是最好的选择

有句谚语是这么说的："雄辩如银，沉默是金。"在我们的生活工作中，有些时候确实是沉默胜于雄辩。与得体的语言一样，恰到好处的沉默也是一种语言艺术。在说话时机未到的时候保持沉默，有时候是一种最好的选择，会收到"此时无声胜有声"的效果。在时机未到时保持沉默是一种"大智若愚"的艺术，在商业活动中多听、少说，甚至不说，这样的目的是为了获得最大的利益。少开口不做无谓的争论，对方就无法了解你的真实想法；反之，你可以探测对方动机，逐步掌握主动权。这时候的沉默，实际上是"火力侦察"。

在一家小公司同一家"巨无霸"公司的一场贸易谈判中，"巨无霸"公司的代表依仗自己的实力，滔滔不绝地向对方介绍情况，而小公司的代表则一言不发，埋头记录。"巨无霸"的代表讲完后，征求对方代表的意

见，小公司的代表好像突然睡醒了一样，迷迷糊糊地对"巨无霸"的代表说："哦，讲完了？我们完全不明白，请允许我们回去研究一下。"于是，第一轮会谈结束。几星期后，谈判重新开始，小公司的代表声称自己的技术人员没有搞懂对方的讲解，结果"巨无霸"的代表没有办法，只好再次给他们介绍了一遍。谁知，讲完后小公司代表的态度仍然不明朗，仍是要求道："我们还是没有完全明白，请允许我们回去再研究一下。"就这样，结束了第二次的会谈。过了几天后，第三次会谈小公司的代表还是一言不发，在谈判桌上故伎重演。唯一不同的是，这次，他们告诉"巨无霸"，一旦有讨论结果立即通知对方。过了一段时间，"巨无霸"觉得这次合作已经没戏的时候，小公司的代表突然找上门来开始谈判，并且拿出了最后的方案，以迅雷不及掩耳之势逼迫"巨无霸"，使其措手不及。最后，达成了这一项明显有利于小公司的协议。

　　这次小公司能够打败"巨无霸"，取得谈判的成功，关键就在于小公司的沉默。时机不成熟的时候，他们保持沉默，使对手摸不着头脑，同时也为自己赢得时间研究对手的方案，给了对手措手不及的一击。

　　说话莫忘看时机，心理学告诉我们，在不同的场合、环境中，人们对他人的话语有不同的感受、理解，并表现出不同的心理承受力。正因为受特殊场合心理的制约，有些话在某些特定环境中说比较好，但有些话说出来就未必得当。同样的一句话，在此说与在彼说的效果不一样。如果环境不相宜，时机未到，最好的办法是保持沉默。其实何止在商业谈判，在生活中我们也要遵循这种"时机未到保持沉默"的作风。老一辈人总是谆谆教导我们："话到嘴边留半句，不可全抛一片心"，"言多必失，语多伤人"。"君子三缄其口"的古训，也把缄口不言作为练达的安身处世之道。今天，我们亦应谨记这些古训，该沉默时一定要沉默。那么，什么时候应该保持沉默，什么时候又应该及时出击呢？这个时机一定要把握好，不妨注意以下几个方面。

（一）不了解情况的时候要保持沉默。

有时候，不了解对方的情况盲目地乱说，往往会给对方造成可乘之机，使自己遭受到莫大的损失。所以，在不了解对方的情况时，不要轻易地把话说出口，保持沉默是上策。

（二）自己做不了主的时候要保持沉默。

有时候，自己往往不能够做主，这时候也不能说。如果自己不慎把不该答应的事情答应下来了，到时候所有的问题只有自己来承担，所以这时候也要保持沉默。

（三）正在气头上的时候要保持沉默。

当你自己或他人的情绪正在气头上的时候最好闭口不谈，从长远来说这是有益的。如果你跟别人发生争吵，你们两个人的情绪都很激动，那就等以后你们都冷静下来，能够心平气和地讨论问题的时候再安排时间交谈，只有在那个时候你们才能进行有实质意义的讨论而不是相互指责。

在战场上，盲目地出击有时候会落入对方的圈套。

在和人家交谈时，同样是这个道理。如果不了解情况，随口乱说，反而会使情况变得更糟。所以，在张口说话之前，一定要注意了解情况，只有这样才能够有针对性，能够起到应有的效果。

我们在与人交谈和交往中，应当尊重人，讲究语言美，而不是自以为是，出言不逊。要以诚待人，与人为善，不要打听、干涉别人的隐私，评论他人的是是非非；不要无事生非，捕风捉影，也不要东家长李家短。说话要有事实根据，不能听风就是雨，左右摇摆。如满嘴污言秽语，不但伤人，而且有损自身形象，迟早会被别人憎恨和报复。所以，在日常的社交活动中，每说一句话之前，都要考虑一下你要说的话是否合适，不要口无遮拦，想说什么就说什么。人生的经验告诉我们：一定要管好自己的嘴巴，否则会祸从口出。

张华和刘英是一对形影不离的好朋友，两人私底下无话不谈。在一次同学聚会上，张华一高兴，嘴上便少了个"把门的"，笑着对大家讲了刘英暗恋班上某男生的事，而那位男生已经有了女朋友，而且当时也都在场，一时间，弄得刘英很尴尬，下不了台，气得哭着跑开了。

我们常说"三思而后行"，实际上，在和人交流的时候，同样要做到"三思而后说"。嘴上要有个把门的，想好什么该说，什么不该说。有时候，说话欠考虑往往会给我们造成难以挽回的损失。

有一位下属去给他的领导祝寿，当着众人的面，他向领导祝词："希望我们的蒋厂长将来能大富大贵、儿孙满堂。"一席话说得蒋厂长脸色发青。原来蒋厂长的独子刚刚在车祸中去世，其妻子因为已经实行计划生育，没有再生的能力。而这位下属由于高兴，忘记了这个事儿。而蒋厂长却以为他故意嘲笑他断子绝孙，因此不顾贵宾云集，竟摔杯而去，弄得这位下属好不尴尬。

你看，这位下属就是因为说话之前不考虑，说错了话，结果就得罪了领导。由此看来，说话之前考虑3秒钟的确很重要了。

那么，怎样才能够做到说话之前考虑3秒钟呢？其实这也很简单。

第一，加强学习，不断地武装自己，提高自己的分析判断和决断能力。

第二，在要说话前，不要急着说出来，先把想说的话考虑一下再说出去。想问题的时候周到、细心点就行了。

第三，回答时说话的语速要慢，但你的大脑要转得快。这样就可以给别人一个比较完美的答案了。

第四，在你脑海里面的话要冲出来的时候做3次深呼吸，这时候你的情绪会稳定，然后再考虑自己要说的话。

三思而后行，三思而后说。在行动之前要仔细考虑好所有的情况，才能够顺利地达到自己的目的。同样，在说话之前也要仔细考虑好，才能够起到自己想要达到的效果，否则，就有可能把事情搞砸。

在适当的时候保持沉默，其实是一种很高明的糊涂术。常看恐怖片的朋友一定会有这样的体验：最令人毛骨悚然的场景，往往是掉落一根针都能听见的寂静。

过去，心理学家常常认为人们应该把自己的心里话讲出来，但现在人们逐渐发现，在与他人的交往中，有时更需要忍耐和沉默。沉默不是无奈，更不是软弱。有时候，不说比说更有威力。

狭义的沉默是指一言不发、缄口不语。广义的沉默还包括不通过言语，而是运用目光、神态、表情、动作等，间接地表达自己的思想感情。在生活中，沉默具有丰富的内涵：第一，沉默可以避免冲突升级；第二，沉默可以做暗示性表态。

古时候，有个农民牵着一匹马到外地去。中午走到一家客栈用餐，他把马拴在了旁边的一棵树上。这时一个商人骑着一匹马过来，将马也拴在了这棵树上。农民见了忙说："请不要把你的马拴在这棵树上，我的马还没有被驯服，它会踢死你的马。"但那商人不听，拴上马后便进了客栈。

一会儿，他们听到马的嘶叫声，两人急忙跑出来看，商人的马已被踢死了。商人拽住农民就去见县官，要农民赔马。县官向农民提出了许多问题，农民却装作没听见似的，一字不答。

县官转而对商人说："他是个哑巴，叫我怎么判？"商人惊讶地说："我刚才见到他的时候，他还说话呢。"县官接着问商人："他刚才说了什么？"商人把刚才拴马时农民对他说的话重复了一遍，县官听后说："这样看来是你无理了，因为他事先曾警告过你。因此，他不应该赔偿你的马。"

这时农民开了口，他告诉县官："我之所以不回答问话，是想让商人自己把事情的全部经过讲清楚，这样，不是更容易弄清楚谁是谁非吗？"

沉默是最有力的武器。在日常交际中，遇到难以说清是非的问题时，你不妨也像这位农民一样，以无言应对喧哗，这会产生比硬碰硬更大的震慑力量。

怎样训练与人说话

一、说话需要胆量

胆量不会与生俱来，也不会从天而降，就像庄稼需要施肥、道路需要整修，它也需要不断磨炼。有人曾对丘吉尔的口才进行各种分析，他的儿子却一语中的："我的父亲把自己一生中最宝贵的年华都用在写演讲稿和背诵演讲稿上了。"

世界上没有天生的演说家！毫无疑问，丘吉尔被誉为"世纪的演说家"是当之无愧的，但人们可能忘了，他原先讲话结巴，口齿不清，根本就不是当演说家的材料。他本人身高约五英尺半（约1.65米），没有堂堂的仪表和风度，他那难听的叫喊声又不像道格拉斯·麦克阿瑟或是马丁·路德·金那样洪亮。丘吉尔没有受过大学教育，他曾经在最初的一次演讲中，讲了一半便垮下来了……然而，他并不为此而自卑，从此一蹶不振、畏畏缩缩，认为自己就不是这块儿料，而是主动勤加练习，经验和胆量都大大增加了，他终于成了举世皆知的雄辩的演说家。

英国的现代主义戏剧家萧伯纳才华杰出，并且以幽默的演讲才能著称于世，显示了渊博的知识、深邃的思想。但是，在他年轻时，胆子却很小，羞于见人。初到伦敦，上朋友家做客，他总是先在人家门前忐忑不安地徘徊良久，却不敢直接去按门铃。有一次，一位朋友邀请他参加一个学会的辩论会，他在会上怀着一颗非常紧张的心站了起来，做出了有生以来的第一次公开演讲。当他讲完时，迎接他的不是掌声，而是喝倒彩和讥笑。这次下来，萧伯纳感到蒙受了莫大的耻辱。但是，萧伯纳并没有从此逃避在公开场合演讲，而是化自卑为动力，化弱点为长处，鼓足勇气，面对挑战。他越挫越勇，拿出超人的毅力，参加了许多社团辩论，并且在社团辩论中总是参与发言，据理力争。他每星期都找机会当众公开演讲，在市场、在教堂、在公园、在码头，无论是面对成千上万的听众还是寥寥无几的听众，都慷慨陈词。终于，萧伯纳成了一名世界级的演说家。

面对陌生的事物或人，我们总是很容易退缩、害怕。想要让自己能大胆表达，最好的方法就是让自己习惯开口说话，怎么样让自己习惯开口说话呢？在任何场合，你都应该积极把握或创造与人交谈的机会，试着与他人闲聊、寒暄、攀谈，说话的次数多了，自然也就成了习惯，胆怯就会逐渐消失。

成功的推销员、演说家，并非一开始就对说话习以为常，无所畏惧。一名成功的推销员很可能在历经多次失败之后才建立起说话的勇气；著名的演说家也是从无数次演讲经验中才掌握演讲的技巧，能赢得满堂彩。第一次的尝试总是比较艰难，但是一回生二回熟，熟悉之后就能泰然处之、游刃有余。

如果一个人能抓住机会努力练习口才，那他说话的胆量一定会得到很好的训练。练习的机会很多，而且方便省事。我们每天都要见人，都要说话，机会随处可见。

家庭是练习口才的第一个场所。家庭中不免会有些经济收支问题、子女教育问题、卫生保健问题、饮食起居问题，你平时能就这些问题与你的妻子好好谈一谈吗？如果你能时常提出一些有益的意见或帮助她解决一些或大或小的困难，那说明你的口才练习有了明显进步。社会是由男性和女性组成的，男女间的相互交往、夫妻间的良好相处，都是练习口才的极好途径。同时，从和自己最熟悉的人开始练习，也不会有太大的难度，这样很方便训练说话的胆量。

广结良友，与朋友频繁往来，是练习口才的又一途径。我们的朋友可能来自不同的地方，处于不同的年龄，属于不同的阶层，从事不同的工作，因而与他们相处时会遇到一些各种不同的问题。比如：小张近日要结婚；老李的儿子考取了大学；阿王的小商店近几个月没什么起色；某某家中昨晚被盗……每个人都有各自的快乐和苦恼、失败与成功。如果想练习好自己的口才，训练自己的说话胆量，就最好去了解他们的各种情况，好好找他们谈谈，尽量想出如何帮助、开导、启发他们的谈话内容来。

这样，无形之中，你拥有的朋友，你了解的谈话内容，都会渐渐地增多起来，你说话的胆量也会渐渐大起来。

在陌生人聚会的场合也可以训练说话的胆量。每个人都免不了会参加一些社交活动，如果我们参加的社交活动是陌生者的聚会，又要我们尽量去寻找与人说话的机会，那可以说是训练说话胆量的绝佳机会。在这种陌生者聚会的场合，我们想与人说话的机会和方法很多。大家相聚时，不外乎出现两种情形：一是有的人在交谈，而有的人却孤零零地待在一边；二是大家都三五成群地在一起交谈。如果我们仔细观察，发现有人也像自己一样孤孤单单地坐在某个角落，那么就大胆地走上前去向对方介绍自己。打完招呼后，可由天气等无关紧要的话题说起，逐渐加大话题深度。这时候，除了某些特殊原因之外，对方多半是欢迎我们的。如果在这种陌生人聚会的场所多锻炼几次，下次再碰到陌生人，也就不至于生疏和胆怯了。只要自己愿意主动开口，并掌握好说话的有效时机和方法，就一定不会被拒绝，这也无疑是对你下一次主动出击的最大鼓励。

总之，胆子是练出来的，要想拥有好的口才，就要抓住一切机会，锻炼自己的胆量。只有不懈地锻炼才能取得最后的成功。

二、说话需要克服恐惧

不少人在众多的人面前说话时感到非常害怕，我们经常听到他们这样说：

"我听过许多报告，多数报告都有答疑的时间。即使我坐在听众中间，大多数人甚至不知道我是谁，但每当我考虑提出一个问题时，我的心就怦怦地跳个不停，整个胳膊感觉像木棍一样，连举手都很困难。"

"我的老师在每堂课上都喜欢提问。无论何时被叫到，我都会口干舌燥。如果是一对一闲谈，我能感觉好一点，但仍然紧张。我不愿说蠢话或去表达一个与众不同的见解。"

"没有比求职更糟的了。我花了6个月来找工作，真是令人痛苦。在等待会见时，我总是冒冷汗，额头布满汗珠，衬衫贴在了后背上，还没进办公室就这副样子了。"

是什么使这些恐惧落在我们的身上？为什么要担心呢？简单来说，我们大家都想获得尊重，希望招人喜爱。具体来讲，造成这种紧张、恐惧心理的原因主要有两种。

第一种，不想献丑。这些人的想法是，只要我不在他人面前暴露自己的短处，别人也就不会知道我的缺点；而一旦在众人面前说话，自己的粗浅根底、拙劣看法都会暴露出来。那么从此以后，哪里还有自己的立足之地？所以，不说话更稳妥。

不过，持有这种想法的人应该想一想，一个人尽量不暴露自己的短处，那么其长处又能充分发挥无遗吗？如果自己的长处发挥受到影响，无疑也会影响到别人对你的看法，别人有时会以较低的水平来评价你。其实，只要你认真地全力发挥，诚诚恳恳地把话说出来，不必踮高足尖来充内行，相信必会有不错的表现。

同时，现代社会的个体人具有高度的社会化特点，一个人无论是生活，还是工作都绝对免不了要与社会接触、与他人接触，而说话则是人与社会接触、与他人交流的最重要手段。所以，可想而知，一个不想说话的人肯定会为现代社会所不容，被现代社会所淘汰。事实证明，就连聋哑人也需要用一种特殊的语言——手语来进行交际。

第二种，不知道该如何组织说话的内容，就像被硬拉到一个陌生的世界一样，所以会感到惊慌。

有的人是因为先天原因。有些人生来性格内向，气质属于黏液质、抑郁质类型，他们说话低声细语，见到生人就脸红，甚至常怀有一种胆怯的心理，举手投足、寻路问津也思前想后。

此外，还有一些教育不当的因素。有些家长对儿童的胆小不加引导，孩子见到生人或到了陌生的地方，便习惯性地害羞、躲避，没有自信心。儿童进入青春期后，自我意识逐渐加强，敏感于别人对自己的评价，希望自己有一个"光辉形象"留在别人的心目中。为此，他们对自己的一言一行非常重视，唯恐有差错。这种心理状态导致了他们在交往中怕被人耻笑，因此表现得不自然、心跳、腼腆，久而久之，便导致羞于与人接触，羞于在公开场合讲话的结果。对此，家长和学校应给予正确指导，鼓励青少年大胆、真实、自然地表现自己。

对怯场心理的产生原因众说纷纭。美国演讲学家查尔斯R·格鲁内尔提出了"自我形象受威胁"论。

"自我形象受威胁"论认为：每个人都具有理性的、社会的、性别的、职业的自我形象。当人们进行演讲时，就把自我形象暴露在公众面前。由于担心自我形象会因为演讲而被毁坏，就产生了窘迫不安的怯场心理。例如：1969年，两位从事演讲学研究的教授在纽约开会，当他们向大会报告论文时，因为怯场而晕倒。"自我形象受威胁"论解释这种现象的产生是因为两位教授的职业自我形象在诸多同行面前受到了严重威胁。

恐惧或忧虑会阻碍我们对说话的尝试。有时保持安静较容易，退缩在"壳"里可以掩饰自己的软弱。但是，那就意味着我们将错过无数次张口说话的机会，我们的观点将不被注意，我们的力量将得不到认可。

做下面这个诊断式测验，来找出恐惧在何处阻碍了你的说话。诊断性自我测试，用"是"或"不是"回答下面5个问题。

（1）单独出席聚会你会感到局促不安吗？

（2）你愿意表达一个与别人不同的观点吗？

（3）你在拒绝你的朋友要求你做某事时感到困难吗？

（4）你对洽谈购买价格或合同感到不情愿吗？

（5）你在给别人打电话时总是避免要求什么吗？

只要我们看清自己紧张、恐惧心理的原因，科学地分析它，就会发现根本没有什么好怕的。随着你自信程度的增加，你的说话能力也会得到增强。

三、说话要自信

当众说话，自信是必不可少的，它决定你这次讲话能否出色与成功。说话时保持自信是需要在生活中每时每刻训练的。如果熟练的专业技能和得体的着装仍然无法带给你足够的自信，那就需要更多的自我表现了。

以下有几个小技巧，可以多加练习，直到自信流露在你的举手投足之间为止。通常失败感和沮丧感是由于受到打击或害怕承担风险所导致的。而人性中普遍存在着冒险的"动力"本能，在正确发挥作用时，它能驱使我们信赖自己，并利用机会发挥我们自己的创造潜力。

有的人不能坦率面对自己的弱点，所以一个不愿意亲自试一试的人只好拿别的东西当赌注，一个不愿意勇敢地行动的人则往往靠酒杯来壮胆。此时唤醒自己内心的信心和勇气就是人的自然本能。记住，当你认同自己的专业能力、聪明智慧时，别人也会以同样的态度对待你。

（一）练习大胆表现自我。

把自信心视为肌肉，需要定时、持之以恒地锻炼，如果稍有懈怠，它很快就会松弛。和不期而遇的人进行一对一交谈，是很好的开始，从和水电工、超市收银员接触开始吧！

（二）想象自己是完美的化身。

这是许多名模、著名演员在表演之前惯用的伎俩，同样适用于职场。面对大客户或提案，先静坐，在心中默想曾有的愉悦感觉，比如曾经聆听的悠扬乐章，愈具体效果愈好。

（三）说话时语气要坚定。

很多人说话时都犯过过于急促的错误，说话的诀窍在于音量适当、语调平稳、速度不缓不急，此举显示你对说话的内容信心十足。利用呼吸换气时断句，可以避免许多不必要的"嗯""啊"等语病，内容显得流畅有条理。切忌以疑问句结束陈述事实的语句，以免影响语气的坚定。

（四）仿效偶像。

习你所仰慕的人具有的美好特质，可以是影星，也可以是政治家或外交家，只要她具备你所希望拥有的特质，均可模仿。

（五）以得体的装扮来加深留给他人的印象。

选择适合自己气质的服装、发型、化妆，甚至香味，来展现你完美精确的专业形象。特别在颜色上要多注意，不同的色彩有不同的语言，可以善加运用。深色系代表权威信赖，亮色系则引人注目，暖色系则传达温柔且易于亲近的信息。如果你想增加自信与亲和力，不妨选择深色服装，搭配浅色丝巾或围巾等。切忌穿过于暴露或大胆的服装，例如紧身短裙或V领低胸上衣，不仅容易让人想入非非，也会使你因怕穿着走光而分心。

（六）以拥有者的态度走入每间屋子。

走路的姿态常不自觉地泄露你的秘密。昂首阔步，抬头挺胸，仿佛一切都在你的掌握中。想象你拥有这个空间，当你举步时，回想过去曾自信的感觉。

（七）向你的焦虑妥协。

掌握害怕的根源。害怕时会有生理反应——冒冷汗或呼吸急促。当你知道所有可能会有的征兆时，就可以通过一些放松的小技巧克服它。

（八）要准备犯几个小错误。

为了得到你想要的东西，有时可能要稍微受一些痛苦，但不要自轻自贱。如果有把握之后再去行动，就什么事情也干不成。你在行动时随时都可能犯错误，你所做的决定也难免失误，但是我们决不能因此而放弃我们追求的目标。你每天都必须有勇气去承担犯错误的风险、失败的风险和受屈辱的风险。走错一步总比在一生中原地不动要好一些。你一向前走就可以矫正前进的方向。大部分人不知道他们实际上有多勇敢。事实上，很多潜在的英雄一生都是在对自我的不信任中度过的。如果他们知道自己潜在的能量，那将有助于他们产生解决问题，甚至是克服巨大危机的自信心。记住，你有这种能量，但若不付诸行动，不给它们释放出来为你服务的机会，你永远不会发现这些能量。

（九）处理"小事情"也要鼓足勇气，采取大胆的行动。

不要等到出现重大危机时再去当大英雄。日常生活中也需要勇气。在小事情上锻炼勇气，才能培养出在更重大的场合勇敢地行动的力量和才能。

（十）以恰当的态度接受恭维。

大部分女性都有所谓的女性自我贬抑倾向，总是习惯性地将别人的赞美向外推拒，如此一来，很容易将自己由主动参与转换成被动接受，这是很不明智的。下次当有人恭维你时，记得以"谢谢"来代替"你太客气了"或"那其实很简单"这类的客套语，太谦虚也会有损你的自信。

四、正确认识自己的说话能力

知人者智，自知者明。

一个人如果想不断树立自己说话的信心和增强自己说话的魅力，真正做到既不盲目自信也不妄自菲薄，认真检查并评价自己的说话能力，这些是必不可少的。

生活中，绝大多数的人并非对谈话之事一窍不通，但是，一般的人也不能说是很会说话、很会驾驭语言的人。尽管大家或多或少有些长处，懂得些谈话的常识与方式，但很难说有多少普通人去郑重其事地、科学地分析、研究过它。所以，对我们绝大多数人来说，或多或少都有在某些场合不敢说话的毛病。

对于那些平时不敢说话的人，随时随地都有训练说话胆量的机会。下面20个问题将帮你分析自己的说话能力。

（1）我的声调是否悦耳？

（2）我是否口齿不清？

（3）我是否喜欢与他人发生争执？

（4）我是否狼狈地看到自己的话使人产生反感情绪？

（5）我是否在别人不同意我的意见时，只有再三地重复已经说过的话呢？

（6）我是否见了别人就觉得好像无话可说？

（7）我是否常常被人认为"固执"呢？

（8）我是否常常忘记他人的姓名？

（9）我是否常用一些不太文雅的俗语？

（10）我是否在某些人面前就有很多话说，而在某些人面前就一句话也说不出来呢？

（11）我是否能运用不同方式来对不同对象谈同一个问题？

（12）我是否很难找到一个大家都有兴趣的谈话题材？

（13）我是否常说些别人禁忌的话？

（14）我是否在说话中不注意尊老敬贤？

（15）我是否未留意自己跟人谈话的态度？

（16）我是否根据别人的态度来调整自己的态度？

（17）我是否不能引起别人发言的兴趣？

（18）我是否能使谈话很顺利地进行而不中断？

（19）我是否能够很自然地改变谈话题材？

（20）我是否不知道在何处结束我的谈话？

此外，如果说你真有诚心解决自己不敢说话、说话胆小的问题，不妨按照如下方法坚持练习3个月，其说话胆量便可得到惊人的提高。

用一个笔记本逐项地记下上面的每一个问题，并把自己过去的经验如实记录下来。例如：找出你自己在别人面前不敢说话的原因，再仔细想一想，记下自己跟别人说话时的情形，然后记下自己认为应该最先要改进哪一项。若说话者照此一个星期一个星期地做下去，一边看笔记本，一边研究自己的情况；然后看笔记本中讲的20个问题能否解决，再把自己的经验所得记在笔记本上，最后就功到自然成了。

认真分析并正确认识自己的说话能力，有利于说话者看到自己的长处，认识自己的不足，并扬长避短、增强信心，迅速提高自己的说话信心，增强自己的语言魅力。

五、口才需要勤奋

口才不是与生俱来的，也绝不会从天而降。就像庄稼需要施肥、道路需要整修，口才也需要培养。先天不足后天补，是完全做得到的。发明大王爱迪生说过，天才是1%的灵感和99%汗水的结晶。在实践中磨炼口才，以坚强的意志作为通向成功的基石，用汗水浇灌成功的花朵，勤奋的苦练加上技巧，一定会取得成功。哈佛大学著名教授威廉·詹姆士说过："我们只是半醒着。我们仅仅在使用我们体力和智力的一小部分。说得明白一点，人类就是一直这样画地为牢，生活在自己的圈子里。人具有各种力量，但往往未加发挥。"这些力量我们每个人都有，只是没有得到充分发挥，却对这些力量置若罔闻，真是太可惜了！

有的人想练习口才，但苦于找不到机会，我可以清楚地告诉你，路就在脚下。练习口才的机会处处都有，我们每天都要见人，都要说话，千万不要以为日常的说话不需要什么口才。其实，练习口才的人应该把每一句话都说好。口才好的人一开口就能说上一句好话、一句动听的话。这恰如练习书法的人一样，必须首先练好每一个字。一个书法好的人，一动笔就能把一个字写好。所以，我们决不能轻视那些日常生活对话。就是这些极简单的日常对话，口才好的人和口才不好的人说起来都是截然不同的，即使是"哼"一声也迥然有异。

面对陌生的事物，我们很容易害怕退缩。想让自己能够流利地表达意见，最好的方法就是让自己习惯开口。做任何事情都需要练习才会进步，说话也是如此。

如果我们无法自在地与陌生人交谈，那你可以尝试鼓起勇气和超市店员或不太熟识的邻居说声"你好"，你就会发觉自己越来越习惯面对陌生人发言了。

所以，在任何场合，你都要积极把握和别人交谈的机会，试着与他人闲聊、寒暄，从中学习说话技巧，建立自信。

说话的机会随处皆是，如果有可能，你不妨参加一个社会组织，志愿担任需要你讲话的职务。在公众聚会里，你要勇敢地站起身来，使自己出个头，哪怕是附议也好。在参加各种会议时，千万别去忝陪末座，而要洒脱一些。另外，还应当参加相应的团体活动，并活跃地参加各种聚会。我们只要多留心我们周围的事情便会发现，没有哪种商业、社交、政治，甚至邻里间的活动是你不能举步向前、开口说话的。如果我们不主动地开口说话，并且不抓住一切机会不停地说，我们永远不会有进步，也永远不知道自己会有怎样的进步。

说明要求他人应做的事，其实是指示对方改正的方向，让对方从另一个角度来接受批评的内容。一位车间主任批评一位青年工人说："你最近比较散漫。"青年工人听了手足无措，并不清楚。车间主任该说清楚是指上班迟到，还是指没有参加技能培训等。

另外，为提高批评的效率，应该"不说我们不满意的，只说我们赞成的"，这样可以起到积极的作用。

一位刚刚搬到新宿舍区的青年人向居民委员会的主任提意见，抱怨这儿摩托车保管站的服务人员态度太差劲。这位主任及时地把意见转告给了保管站的保管员。几天以后，这位青年人又送摩托车到保管站，保管员笑脸迎接，主动把他的摩托车安放好，还问他还有什么要求，使这位青年大为感动。事后他才知道，居委会主任向保管员说："新来的青年人对你的服务特别满意，还要感谢你。"秘密就是这样。

"真正懂得批评的人着重的是'正'，而不是'误'。"这是英国18世纪著名评论家约瑟·亚迪森的名言。

"你懂得我的意思吗？"批评人的话语，一定要让受批评者听懂，否则只是对牛弹琴。常常听到夫妻俩之间的埋怨："我们俩总合不到一块儿。"这句最普通的埋怨话，可能被对方误认为是要"离婚"。

如果要求证对方是否听懂了你的意思，最简便的方式就是问一问："你懂我的意思吗？"然后听听对方口中说出来的是否是你的本意。可惜大多数人忽略了这一点。问一问对方是否同意你的看法，也是批评别人时可以采取的沟通方式之一。能开口问，起码排除了对方沉默、生闷气的可能。如能坦然地提出异议，解决问题就有希望了。因为能明白对方还有哪些问题未想通，或自己有什么讲得不准确的，可以做更深一层次的探讨。

下面介绍几种简单、易行、有效的语速训练方法。

（一）朗读。

经常朗读可以使人口齿伶俐、语音准确、吐字清晰。空余时间，找一篇优美的散文或者演讲稿，在安静的地方进行朗读。力求读的过程中不要有停顿，发音要准确，吐字要清晰，要尽量把每个字音都完整地发出来，没有含混不清的地方。语速过快的人尽量刻意放慢速度，语速过慢的人注意提高速度。

这种训练的优点是不受时间的约束，只要手头有一篇文章就可以练习。当然，你也可以找一些"听众"，让他们帮你挑出毛病，这样就更有利于你有目的地进行练习。没有听众的话，你还可以用录音机把你朗读的内容录下来，然后自己反复听，从中找出不足，进行改进。

（二）交流。

平时多和别人交流，运用一切说话的机会锻炼语速。在与家人聊天、和同事谈论工作的时候，时时刻刻注意自己的语速，可以保持适中的速度，这样长期坚持下来，就会慢慢养成适当的说话速度。

（三）听广播。

多听广播，吸取别人的经验，也可以不断提高和改善自己的说话水平。尤其要多听听新闻播音员播报新闻，他们吐字非常清晰，语速适中，能把信息顺畅地传递给我们。不妨模仿你最喜欢的播音员，以他的标准要求自己，相信你的说话水平会大幅提高。

成功从来不是一朝一夕的事情，想要口才能力不断提高，需要长期的磨炼。

说话的技巧

一、说话要注意场合

在什么场合说什么话，这是人们在长期交往实践中总结出来的经验。说话要顾及场合，否则再好的话题，再优美的话语，也不会产生好的效果，有时甚至会适得其反。试想，如果你在跟朋友谈心时，像做报告那样拿腔拿调；或是在肃穆的葬礼上，像相声演员那样讲出通篇幽默的哀悼词，将会产生怎样的后果呢？所以，"话随境迁"的艺术，最应重视的就是说话的场合。

例如：在婚宴场合，你就不要谈令人丧气的话题；在别人悲痛的时候，切忌谈逗乐的话题；当众做演说、做报告时，应当讲严肃的话题，而且中心思想要明确；如果是聊天，则可以不断转换话题。

从话语形式上来说，说话一般要求语句完整、符合语法规范，但在特定场合，却需要用组织结构特殊的话语来传递信息。比如，当前面路口遇到红灯而汽车司机仍未减速时，旁边的人只需提醒："红灯！"司机便会立即做出减速、刹车的反应。此时若旁边的人说出这样一句结构完整的话："前面是红灯，这是不准前行的信号。你应当减速停车，遵守交通规则，保障安全。"别人一定会认为这个人头脑有问题。

此外，语音的纯、杂也可依具体场合加以调整。比如，一位学者回到阔别已久的故乡讲学，在适当的时候说出一两句地道的当地方言，也会收到意想不到的效果。

有一个年轻人长得眉清目秀，可就是不会说话。朋友结婚，他前去祝贺，喜宴上他慷慨陈词："凭咱哥们交情，下次你再结婚我还来喝酒。"满座人面面相觑，朋友哭笑不得，他却浑然不觉。因为他说话不合时宜，所以谁家有个婚丧嫁娶的事情都不欢迎他。有好心人背后开导他，要他说话要注意场合，多说主人爱听的吉利话，别说人家忌讳的话，他才幡然醒悟。

在什么场合说什么话，这是人们在长期交往实践中总结出来的经验。谈话双方对于话题的选择与理解、某个观念的形成与改变、谈话的心理反应以及交谈结果，无不与场合有着直接的联系。所以，在谈话时你必须考虑场合影响，有意识地巧妙利用场合效应。

二、说话要迂回、含蓄

在人际交往或商业谈判中，迂回沟通战术是最有效、最有人情味儿的沟通方式，是一条通向成功的捷径。在生活中，有很多尴尬的事情会不期而至，如果你采用直接沟通的方式，不但不能解决问题，反而还会使问题更加复杂，甚至造成难以预料的后果。这个时候，你不妨使用迂回沟通的方式旁敲侧击，含蓄地点明对方，这样既能化解问题，又可以保住对方的颜面。

美国经济大萧条时期，曼莎小姐好不容易找到一份在一家高级珠宝店当售货员的工作。圣诞节的前一天，店里来了一位30岁左右的男顾客，他虽然穿着整齐干净，看上去很有修养，但很明显，这也是一个遭受失业打击的不幸的人。此时，店里只有曼莎一个人，其他几名售货员刚刚出去。

曼莎和男子打招呼时，男子不自然地笑了一下，目光从曼莎的脸上慌忙躲闪开，仿佛在说："你不用理我，我只是来看看。"

这时电话铃响了，曼莎忙去接电话，但不小心将摆在柜台上的盘子碰翻了，盘中6枚精美绝伦的金戒指掉在了地上。曼莎慌忙弯腰去捡，捡回了5枚以后，她却怎么也找不到第六枚了。当她抬起头时，看到那位男子正向门口走去，顿时她明白了那第六枚戒指在哪里。

当男子即将推门离开时，曼莎礼貌地说："等一下，先生。"男子转过身来，两个人相视无言，足足有一分钟。曼莎的心在狂跳不止，她想："他身上会不会有枪或是匕首呢？我该怎么办？"

"什么事？"男子终于开口了。

曼莎鼓足勇气说："先生，今天是我第一次上班，你知道，现在找份工作多不容易，您能不能……"男子用极不自然的眼光注视着她，过了好一阵子，一丝微笑在他脸上浮现出来。

"是的，的确如此。"男子回答，"我敢肯定，你在这里会干得很出色。"

男子向她走去，并把手伸给她，说："我可以为你祝福吗？"

曼莎忙不迭地点头。两人紧紧地握了握手，然后男子就转身走出了店门。这时，曼莎转身走回柜台，把手中的第六枚戒指放回原处。

很多时候，迂回沟通可以扭转乾坤。通常而言，在遇到窃贼时，大多数人都会选择报警或大声喊人抓贼，但上文中的曼莎并没有这么做。理解、宽容，以人心打动人心，用迂回战术与偷盗者进行沟通，聪明善良的曼莎找到了解决问题的最好方法。

在人际交往和商业谈判中，迂回沟通战术是最有效、最人性化的沟通方式，是一条通向成功的捷径。有些话不能直言，你就得拐弯抹角地去讲；有些人不易接近，你就要逢山开道、遇水搭桥；有时搞不清对方的用意，你就要投石问路、摸清底细；有时为了使对方放松警惕，你就得"顾左右而言他"。唯有如此，你才能确保事情朝你预想中的方向顺利发展。

三、说话要让别人听懂

说话追求含蓄本没错，但若没让对方听懂就错了。说话的目的在于交流思想和感情，只有让对方听懂你在说什么，你的话才有意义。

有些人说话过分含蓄，总留有弦外之音，对方听懂了还好，若是没听懂，不但达不到交流的目的，反而会引起不必要的误会。古往今来，因为会错意而造成的误会太多了，甚至破财丢命的也大有人在。

曹操被董卓追杀，得陈宫相救逃到了成皋，由于天色晚了，就准备到父亲的结义兄弟吕伯奢家去借宿。吕伯奢见到故人之子十分高兴，准备杀猪款待曹、陈二人。不想，其家人在磨刀时说了一句"缚而杀之，何如？"就惹出了滔天大祸。本来吕伯奢的家人是要"缚猪"而杀，曹操却以为是要"缚他"而杀，结果吕伯奢一家九口全部命丧黄泉。说曹操生性多疑不假，但如果说惨剧是由弦外之音引起的，估计也没有几个人反对。

不得不承认，在人际交往中，很多误会都是由这种弦外之音造成的。发现问题不是终点，解决问题才是目的。俗话说得好，扬汤止沸不如釜底抽薪。如何避免弦外之音呢？以下方法值得你一试。

（一）所说的话要精。

有什么说什么，紧紧围绕你的目的说话。如果你没话找话，难保不会给自己找出一大堆麻烦来。

（二）用词要尽量准确。

不要用有歧义的词或者句子，即使有些时候多费点口舌，稍微啰唆一点，也不要用别的话语代替。

（三）外出工作或与外人打交道时，尽量说普通话。

方言土语外人不容易听懂，也容易让他们产生误解。当然，你的普通话水平不一定要很高，只要能够清楚地表达自己，别人能够清楚地领会你的意思就足够了。

（四）不要对别人的口误斤斤计较。

金无足赤，人无完人。在说话办事的时候，不管是谁都不可能做到百分之百的准确。如果你计较别人，别人也必定会跟你过不去。反过来，如果你总是宽宏大量，别人也会给你方便。

（五）要有良好的人际关系。

周围的人如果信赖你、尊重你，即使有些时候你说了一些容易产生弦外之音的话，也没什么关系，大家都不会往坏处想。

（六）不在背后批评人，说别人的坏话。

如果你对甲说乙的坏话，甲很可能认为你在乙的面前也会说他的坏话。况且，好话不出门，坏话传千里，你还是谨慎一点为好。

四、说话要注意表达方式

在和被媒体誉为"中国当今李小龙"的四川天星影视艺术学院院长陈天星先生一起交流时，我不经意地一句话却深深地触动了他的内心，因为他的人生就是这么过来的。后来他的电影作品《双节棍》荣获第五届德国科隆电影节组委会大奖，在获奖时他把这句话作为获奖感言，这句话就是：人们对一个人的评价，是由他自己的表现来决定的。

得体的说话方式，会让你在人际交往中更受欢迎。与人交往时，你说话的内容是否得当固然重要，但是别人对你的品评如何，你给别人印象的好坏，都是由你的表达方式决定的。

西楚霸王项羽是个有勇无谋的人，而且性格残暴。每当他攻下一座城池，就会把全城的人都杀掉。

有一次，他率兵攻下了外黄城后，下令把城里15岁以上的男子全部活埋。这时，有一个少年说是项羽的儿子，要来拜见项羽。项羽听说此事，甚感惊异，接见了这名少年，问："你怎么敢冒充我的儿子？难道你不怕死吗？"

少年说："大王是人民的父母，小人就是大王的儿子，父母是不会杀死自己的孩子的。"

项羽是个爱听赞美之词的人，见这少年年纪不大，说话却讨人喜欢，就示意他接着讲下去。少年神色镇定地说："外黄城百姓突遭彭越攻袭，无奈投降。今大王赶走彭越，百姓感恩戴德。现在有谣言说，大王要把十五岁以上的男子全部活埋，我认为为了笼络人心，大王不应该下这样的命令。"

项羽说："你若能说出理由，我就不会这样做。"少年严肃地说："彭越守城士兵众多，但他不得人心，才连夜逃走。今彭越一走，百姓立即开城门迎接大王，可见大王深得人心。如果大王不撤销命令，其他城的人听说了这件事，就会拼死抵抗，于大局不利。"

项羽考虑了一会儿，认为这名少年说得确实有道理，于是撤销了命令，并重重地赏赐了这名少年。

一个少年竟能说服西楚霸王，挽救外黄城数万民众的生命，凭借的是他得体的表达方式。如果他不讲究表达的方式，换来的只能是死。

得体的表达方式，会让社交变得更加容易，所以，你在与人沟通时应做到以下两点。

（一）找到对方的谈话兴趣。

不同的人有不同的喜好，要想与对方的沟通顺利进行下去，最重要的一点是双方有可交谈的话题。不要以自己为中心，而是要先与对方建立沟通，从对方的兴趣入手。

（二）多赞美他人。

每个人都愿意得到他人的称赞，所以你不妨多用恭维之词，少说教训的话语，拉近与对方的距离，博得对方的好感，为以后顺利交往打下良好的基础。

五、说话应该多说好话

有些话不是不能说，而是没必要的不要说。俗话说，话多不如话少，话少不如话好。可见，话多的人不一定是有智慧的表现。在人际沟通中，你要学会话到嘴边留半句，让他人也有讲话的机会。

说话对于迅速有效地传递信息，营造良好的气氛有着不可忽视的重要作用。如果只贪图一时痛快而无所顾忌地说了不该说的话，则只会给自己带来麻烦。

在某公司成立5周年的喜庆日子里，为了表示对公司员工的感谢，公司特意邀请了员工及其家属参加晚会。这时，一位男士正在台上引吭高歌。小黄为了找话题，就对他身边的同事说："这人是谁啊？唱得这么难听还敢上台？"

"哦，他是我丈夫。"同事回答。

"真不好意思，其实他嗓音挺不错的，主要是这歌写得不好。"小黄连忙道歉。

"这歌是我写的。"同事说完就走了。

从这以后，那位同事和小黄的关系就有些淡漠了。而且，事后小黄发现，其他同事也开始有意回避自己。小黄的处境变得有些尴尬，最后只好辞职。

从这个故事中可以看出，口不择言的危害性有多大。一句不负责任的话，弄不好就会给自己带来麻烦。有些话不是不能说，而是没必要的不要说。这不是说话不诚实，更不是狡猾，而是一种社交技巧。

六、说话应该善于察言观色

只要讲话就要察言观色，演讲不是一个人的事，而是演讲者与听众的互动活动。

与人交谈要善于观察，尽可能用眼睛捕捉到一些与对方深入交谈的信息。

了解听者的心理，是掌握说话技巧的基础。只有在了解听者心理的基础上，你才会懂得在什么场合该讲什么，不该讲什么，哪些话能够打动听者的心，使听者产生共鸣。

人的心理变化不定，较难把握，但在有些场合，人内心的想法又常会通过各种方式外露。如果你善于观察听者的一举一动，并能据此加以分析和推测，那么基本上就可以掌握听者的心理了。比如，你在讲话时如果听者发出欷声，那说明他们不爱听那些话；如果听者的双眼注视着你，说明你讲话的内容非常吸引人；如果听者左顾右盼，说明他可能有着急的事情要办，但又出于礼貌而不好意思离开……当然，有许多人善于抑制自己的感情，不让它外露，即使这样，只要你细心观察就会发现蛛丝马迹。

战国时，一次魏文侯和一班士大夫在闲谈。魏文侯问他们："你们看我是怎样的一位国君？"许多人都答道："您是仁厚的国君。"可一位叫翟黄的人却回答："您不是仁厚的国君。"魏文侯追问："何以见得？"翟黄答道："您攻下了中山之后，不拿来分封给兄弟，却封给了自己的长子，这显然出于自私的目的，所以您并不仁厚。"

翟黄一席话说得魏文侯恼羞成怒，立刻命人将翟黄赶了出去。魏文侯不甘心，他又接着问任痤："我究竟是怎样的一位国君？"任痤答道："您的确是位仁厚之君。"魏文侯更加疑惑了，任痤说："我听说过，凡是仁厚的国君，其臣子一定刚正不阿、敢说真话，刚才翟黄的一番话绝不是阿谀奉承。因此，我知道他的君主是位宽厚的人。"魏文侯听了，觉得言之有理，连声说："不错，不错。"于是，立即让人把翟黄请了回来，而且拜他为上卿。

从这则故事中，我们可以看出任痤的机智聪慧，他抓住了魏文侯愿意被人尊为仁厚之君的这种心理，并因此化解了魏文侯和翟黄之间的矛盾。

七、构建双向性的沟通氛围

一个好的交流者必定是一个好的提问者，就像打乒乒球一样，你在把球打出去的同时还能让对方打回来，这样一来一往，才能够算得上是真正成功的交流。

交流永远是需要双方互动的，如果只有一个人说话，永远都称不上是交流，更谈不上是有意义的沟通。有效地互动，你一言我一语，才是交谈成功的前提。那么，怎样才能在人际交往过程中有效地与人互动呢？其实，会问问题，能打开别人的话匣子，就是最好的办法。

如果你既想让别人开口，又想让自己掌握和控制谈话，那么就要学会提问。有效的提问可以促进交谈，使双方的表达更加顺畅。一个得体恰当的问题往往能引起对方积极的回应和愉悦的情绪。

张先生在一次聚会上碰到了年轻的护士向丽丽，对她一见倾心，于是主动与她攀谈。他说："丽丽，你觉得医院和诊所的医疗水平有多大差距？"

向丽丽顿时不知该怎样回答，只好尴尬地说："哦，还真说不好。"而后，立刻找机会走到了人群的另一边，让张先生郁闷不已。

张先生的问题在于问话实在是太过严肃了。这样的问题让向丽丽需要很多精力和时间来回答，在初次见面时，一般人不会有这样的耐心去回答这样的问题的。张先生如果换一种方式，放弃谈论什么医院和诊所的复杂问题，而是这样开口："听说护士都喜欢医生，这是真的吗？"向丽丽也许就会笑着回答："你是听谁说的？这可不一定啊。"她甚至会觉得张先生很有趣，从而对其多加关注。

这样交谈，才称得上有效的互动，并在互动中增进彼此的了解。向丽丽也就不会觉得这个人太过严肃而转身走开了。

上面这个例子生动地告诉我们，交流要掌握分寸和技巧，不合时宜的提问会引起对方的厌烦；不合适的问题也会招致别人的反感。一个好的交流者必定是一个好的提问者。

沟通的故事

有效沟通是企业经营管理和个人在社会生活中经常遇到的基本问题。人与人之间要达成真正的沟通并不是一件易事。以下一些简洁而寓意深刻的故事，可能比一些沟通专家所著的专业文章对你更具有震撼作用和启发意义。

美国知名主持人林克莱特一天访问一名小朋友，问他说："你长大后想要当什么呀？"小朋友天真地回答："嗯……我要当飞机的驾驶员！"林克莱特接着问："如果有一天，你的飞机飞到太平洋上空所有引擎都熄火了，你会怎么办？"小朋友想了想："我会先告诉坐在飞机上的人绑好安全带，然后我挂上我的降落伞跳出去。"当在现场的观众笑得东倒西歪时，林克莱特继续注视着这个孩子，想看他是不是自作聪明的家伙。没想到，接着孩子的两行热泪夺眶而出，这才使得林克莱特发觉，这孩子的悲悯之情远非笔墨所能形容。于是林克莱特问他说："为什么要这么做？"小孩的答案透露出一个孩子真挚的想法："我要去拿燃料，我还要回来！"

你听到别人说话时，你真的听懂他说的意思了吗？你懂吗？如果不懂，就请听别人说完吧。这就是"听的艺术"。听话不要听一半，不要把自己的意思，投射到别人所说的话上头。

A对B说："我要离开这个公司。我恨这个公司！"B建议道："我举双手赞成你报复！破公司一定要给它点颜色看看。不过你现在离开，还不是最好的时机。"A问："为什么？"B说："如果你现在走，公司的损失并不大。你应该趁着在公司的机会，拼命去为自己拉一些客户，成为公司独当一面的人物，然后带着这些客户突然离开公司，公司才会受到重大损失，非常被动。"A觉得B说得非常在理，于是努力工作。事遂所愿，半年多的努力工作后，他有了许多的忠实客户。再见面时B问A："现在是时机了，要跳赶快行动哦！"A淡然笑道："老总跟我长谈过，准备升我做总经理助理，我暂时没有离开的打算了。"

其实这也正是B的初衷。一个人的工作，只有付出大于得到，让老板真正看到你的能力大于位置，才会给你更多的机会替他创造更多利润。

有个故事说，曾经有个小国的人到中国来，进贡了三个一模一样的金人，把皇帝高兴坏了。可是这小国的人不厚道，同时出一道题目：这三个金人哪个最有价值？皇帝想了许多办法，请来珠宝匠检查，称重量，看做工，都是一模一样的。

怎么办？使者还等着回去汇报呢。泱泱大国，不会连这个小事都不懂吧？最后，有一位退位的老大臣说他有办法。皇帝将使者请到大殿，老臣胸有成竹地拿着三根稻草，他将一根插入第一个金人的耳朵里，这稻草从另一边耳朵出来了，而第二个金人的稻草是从嘴巴里直接掉出来的，第三个金人，稻草进去后掉进了肚子里，什么响动也没有。老臣说："第三个金人最有价值！"使者默默无语，答案正确。

最有价值的人，不一定是最能说的人。老天给我们两只耳朵、一个嘴巴，本来就是让我们多听少说的。善于倾听，才是成熟的人最基本的素质。

有一位表演大师上场前，他的弟子告诉他鞋带松了。大师点头致谢，蹲下来仔细系好。等到弟子转身后，又蹲下来将鞋带解松。有个旁观者看到了这一切，不解地问："大师，您为什么又要将鞋带解松呢？"大师回答道："因为我饰演的是一位劳累的旅者，长途跋涉让他的鞋带松开，可以通过这个细节表现他的劳累憔悴。""那你为什么不直接告诉你的弟子呢？""他能细心地发现我的鞋带松了，并且热心地告诉我，我一定要保护他这种热情的积极性，及时地给他鼓励，至于为什么要将鞋带解开，将来会有更多的机会教他表演，可以下一次再说啊。"

一个女儿对父亲抱怨她的生活，抱怨事事都那么艰难。她不知该如何应付生活，想要自暴自弃了。她已厌倦抗争和奋斗，好像一个问题刚解决，新的问题就又出现了。

她的父亲是位厨师，他把她带进厨房。他先往三只锅里倒入一些水，然后把它们放在旺火上烧。不久锅里的水烧开了。他往第一只锅里放些胡萝卜，第二只锅里放颗鸡蛋，最后一只锅里放入碾成粉末状的咖啡豆。他将它们侵入开水中煮，一句话也没有说。

女儿咂咂嘴，不耐烦地等待着，纳闷父亲在做什么。大约20分钟后，他把火闭了，把胡萝卜捞出来放入一个碗内，把鸡蛋捞出来放入另一个碗内，然后又把咖啡舀到一个杯子里。做完这些后，他才转过身问女儿："亲爱的，你看见什么了？""胡萝卜、鸡蛋、咖啡。"她回答。

他让她靠近些并让她用手摸摸胡萝卜。她摸了摸，注意到他们变软了。父亲又让女儿拿一颗鸡蛋并打破它，将壳剥掉后，她看到了一颗煮熟的鸡蛋。最后，他让她喝了咖啡。品尝到香浓的咖啡，女儿笑了，她怯生生问道："父亲，这意味着什么？"

他解释说，这三样东西面临同样的逆境——煮沸的开水，但其反应各不相同。胡萝卜入锅之前是强壮的、结实的，毫不示弱，但进入开水之后，它变软了，变弱了。鸡蛋原来是易碎的，它薄薄的外壳保护着它呈液体的内脏，但是经开水一煮，它的内脏变硬了。而粉状咖啡豆则很独特，进入沸水之后，它们倒改变了水。"哪个是你呢？"他问女儿，"当逆境找上门来时，你该如何反应？你是胡萝卜，是鸡蛋，还是咖啡豆？"

有一个人因为生意失败，逼不得已变卖了新购的住宅，而且连他心爱的小跑车也脱了手，改以电动车代步。有一日，他和太太一起相约了几对私交甚笃的夫妻出外游玩，其中一位朋友的新婚妻子因为不知详情，见到他们夫妇共乘一辆电动车来到约定地点，便冲口而出地问："为什么你们骑电动车来？"众人一时错愕，场面变得很尴尬，但这位妻子不急不缓地回答："我们骑电动车，因为我想抱着他。"

下面，让我们结合几个小故事来看看沟通的技巧。

公主的月亮

一个小公主病了，她娇憨地告诉国王，如果她能拥有月亮，病就会好。国王立刻召集全国的聪明智士，要他们想办法拿月亮。

总理大臣说："它远在35000里外，比公主的房间还大，而且是由熔化的铜所做成的。"

魔法师说："它有15万里远，用绿奶酪做的，而且整整是皇宫的两倍大。"

数学家说："月亮远在3万里外，又圆又平像个钱币，有半个王国大，还被粘在天上，不可能有人能拿下它。"

国王又烦又气，只好叫宫廷小丑来弹琴给他解闷。小丑问明一切后，得到了一个结论：如果这些有学问的人说得都对，那么月亮的大小一定在每个人的心里都不一样大、不一样远。所以，当务之急便是要弄清楚小公主心目中的月亮到底有多大、多远。

于是，小丑到公主房里探望公主，并顺口问公主："月亮有多大？""大概比我拇指的指甲小一点吧！因为我只要把拇指的指甲对着月亮就可以把它遮住了。"公主说。"那么有多远呢？""不会比窗外的那棵大树高！因为有时候它会卡在树梢间。"

"用什么做的呢？""当然是金子！"公主斩钉截铁地回答。

比拇指指甲还要小，比树还要矮，用金子做的月亮当然容易拿啦！小丑立刻找金匠打了个小月亮，穿上金链子，给公主当项链。公主好高兴，第二天病就好了。

说明：人们较少关注顾客的真实需求，完全是按照自己的意愿做事情，结果不论多么努力，效果总是不好。而沟通才是掌握顾客心理的最好方法。另外，选择好沟通的内容也十分重要，沟通内容选择好了，才能直入主题，简洁高效。

应万变的能力

鸟儿们聚在一起推举它们的国王。孔雀说它最漂亮，应该由它当。所有鸟儿都赞成，只有穴鸟不以为然地说："当你统治鸟国的时候，如果有老鹰来追赶我们，你如何救我们呢？"孔雀哑口无言。

说明：沟通之前，要做好充分的准备，想到任何对方可能提出的问题，并制定应对策略。否则，很难说服他人接受自己的观点。

鹦鹉

一个人去买鹦鹉，看到一只鹦鹉前标着：此鹦鹉会两门语言，售价200元。另一只鹦鹉前则标道：此鹦鹉会4门语言，售价400元。该买哪只呢？两只都毛色光鲜，非常灵活可爱。这人转啊转，拿不定主意。突然发现一只老掉了牙的鹦鹉，毛色暗淡散乱，却标价800元。这人赶紧将老板叫来："这只鹦鹉是不是会说8门语言？店主说："不。"这人奇怪了："它又老又丑，又没有能力，为什么会值这个数呢？"店主回答："因为另外两只鹦鹉叫这只鹦鹉老板。"

说明：只有找准了沟通对象，才能取得沟通成功，否则再努力也是白搭。比如说，推销一件产品，无论你跟前台小姐谈得多么愉快，可能都很难把产品推销给公司。只有找到有效的沟通对象，找到能做出决定的人，才是沟通的捷径。

保险业务员

在一部电影中，张曼玉扮演一位保险业务员，好不容易见到目标客户，谁知对方却给了她一枚硬币，说是给她回家的路费。当时她很生气，在她扭头要走的一瞬间，她看到客户的办公室里挂了一张小孩的头像。于是，她对头像深鞠一躬说："对不起，我帮不了你了。"客户大为惊讶，忙问究竟，于是头一单生意就这样谈成了。原来这个客户最爱护他的儿子，所以把儿子的画挂在办公室里天天看。

说明：沟通的切入点很重要。这需要我们收集到足够多的信息，找准对方关心的事情，消除其抗拒心理，从而调动对方的参与程度，增加成功沟通的概率。

秀才买柴

有一个秀才去买柴，他对卖柴的人说："荷薪者过来！"卖柴的人听不懂"荷薪者"（担柴的人）三个字，但是听得懂"过来"两个字，于是把柴担到秀才前面。秀才问他："其价如何？"卖柴的人听不太懂这句话，但是听得懂"价"这个字，于是就告诉秀才价钱。秀才接着说："外实而内虚，烟多而焰少，请损之。（你的木柴外表是干的，里头却是湿的，燃烧起来，会浓烟多而火焰小，请减些价钱吧。）"卖柴的人因为听不懂秀才的话，于是担着柴走了。

说明：用对方听得懂的语言进行沟通，是沟通成功的保障。如果一个销售人员完全从技术的角度向消费者讲解产品的好处，我想效果一定不会好。

推销梳子的故事

有一个单位招聘业务员，由于公司待遇很好，所以很多人面试。经理为了考验大家就出了一个题目：让他们用一天的时间去推销梳子，向和尚推销。很多人都说这不可能的，和尚是没有头发的，怎么可能向他们推销？于是很多人就放弃了这个机会，但是有3个人愿意试试。第三天，他们回来了。

第一个人卖了一把梳子，他对经理说："我看到一个小和尚，头上生了很多虱子，很痒，在那里用手抓。我就对他说抓头用梳子抓舒服，于是我就卖出了一把。"

第二个人卖了10把梳子。他对经理说："我找到庙里的主持，对他说，如果上山礼佛的人的头发被山风吹乱了，就表示对佛不尊敬，是一种罪过。假如在每个佛像前摆一把梳子，游客来了梳完头再拜佛就更好！于是我卖了10把梳子。"

第三个人卖了3000把梳子！他对经理说："我到了最大的寺庙里，直接跟方丈讲，你想不想增加收入？方丈说想。我就告诉他，在寺庙最繁华的地方贴上标语，捐钱有礼物拿。什么礼物呢？一把功德梳。这个梳子有个特点，一定要在人多的地方梳头，这样就能梳去晦气、梳来运气。于是，很多人捐钱后就梳头，这诱使更多的人去捐钱，一下子就卖出了3000把。"

说明：在沟通时，我们要找到对方的需求并给予解决，只有增加了对方的价值，才能达成自己的期望。

钥匙

一把坚实的大锁挂在大门上，一根铁杆费了九牛二虎之力，还是无法将它撬开。钥匙来了，他瘦小的身子钻进锁孔，只轻轻一转，大锁就"啪"的一声打开了。

铁杆奇怪地问："为什么我费了那么大力气也打不开，而你却轻而易举地就把它打开了呢？"

钥匙说："因为我最了解他的心。"

说明：每个人的心，都像上了锁的大门，任你再粗的铁棒也撬不开。唯有关怀，才能把自己变成一只细腻的钥匙，进入别人的心中，了解别人。所以，沟通时一定要多为对方着想，以心换心，以情动人。

我们每天都要进行许多次沟通，但您都注意到沟通的效果了吗？通过以上几个小故事的分享，相信您应该对沟通的技巧有所了解了吧。最后，我们再来整理一下沟通的要点。

认识到沟通的好处，沟通是解决问题的必需途径。

沟通前要做好充足的准备，包括找对沟通的主题、沟通的对象、时间、环境等。

找对沟通的时机和切入点将会事半功倍。

懂得倾听的人，才会赢得对方的尊敬。

只有先解决别人的问题，增加对方的价值，才能提高别人的参与度，从而达到沟通的目的。

用对方听得懂的语言沟通。

沟通时，信心非常重要，只有充满信心，说话才会有理有力。

参考文献

[1]邢群麟等.带着思想工作.北京：华夏出版社，2008

[2]刘墉.说话的魅力.南宁：广西南宁接力出版社，2012

[3]方州.如何说话.北京：北京华侨出版社，2009